나는 그냥 잘 살아보려고 했을 뿐이에요

나는 그냥 잘 살아보려고 했을 뿐이에요
세상이 외면해도, 끝내 나를 사랑하기로 한 다짐

초 판 1쇄 2025년 10월 13일

지은이 김미송
그린이 석동숙
펴낸이 류종렬

펴낸곳 미다스북스
본부장 임종익
편집장 이다경, 김가영
디자인 윤가희, 임인영
책임진행 이예나, 김요섭, 안채원, 김은진

등록 2001년 3월 21일 제2001-000040호
주소 서울시 마포구 양화로 133 서교타워 711호
전화 02) 322-7802~3
팩스 02) 6007-1845
블로그 http://blog.naver.com/midasbooks
전자주소 midasbooks@hanmail.net
페이스북 https://www.facebook.com/midasbooks425
인스타그램 https://www.instagram.com/midasbooks

ⓒ 김미송, 미다스북스 2025, *Printed in Korea*.

ISBN 979-11-7355-508-4 03810

값 18,900원

※ 파본은 구입하신 서점에서 교환해드립니다.
※ 이 책에 실린 모든 콘텐츠는 미다스북스가 저작권자와의 계약에 따라 발행한 것이므로 인용하시거나 참고하실 경우 반드시 본사의 허락을 받으셔야 합니다.

미다스북스는 다음세대에게 필요한 지혜와 교양을 생각합니다.

세상이 외면해도, 끝내 나를 사랑하기로 한 다짐

나는 그냥 잘 살아보려고 했을 뿐이에요

김미송 지음

미다스북스

프롤로그

이 책을 쓰는 이유

나는 아주 오랜 시간 세상에서 가장 작은 소녀처럼 살아왔다. '엄마'라는 말도 제대로 하지 못했던 어느 봄날, 나는 혼자가 되었다. 그때부터 나는 누구의 품에도, 누구의 딸로도 속하지 못하는 존재가 되었다. 큰집과 작은집을 전전하며 조용히 밥숟가락을 들던, 언제나 구석진 곳에 웅크려 앉아 있던 아이였다. 어른들의 한숨 소리에 귀를 기울이며 나는 일찍이 깨달았다. 그들에게는 내가 부담이라는 것을. 그림자조차 지우고 싶을 만큼 점점 더 움츠러들었다. 친척 집을 떠돌며 가장 친숙해진 단어는 '임시'였다. 임시 방, 임시 이불, 임시 가족. 나는 뿌리를 내릴 수 없는 민들레 홀씨처럼 바람에 떠밀려 다녀야 했다.

"너 때문에 우리가 얼마나 고생하는지 알아?"

그 말들은 내 어린 마음에 가시처럼 박혔다. '미안하다'라는 말만 되뇌던 나, '고맙다'라는 인사로 하루를 버텨내던 나였다. 내 감정은 어디에도 둘 곳이 없었다.

중학교에 들어간 뒤, 나는 밥솥 하나와 함께 살았다. 그 밥솥은 내 유일한 친구였다. 밤늦게 혼자 밥을 지을 때면 부글부글 끓는 소리가 마치 내게 말을 거는 듯했다.

"괜찮아, 내가 여기 있잖아."

친구들이 가져다준 따뜻한 국을 맛보게 된 날이면, 그 국물의 온기만으로도 눈물이 날 것 같았다. 그것은 단순한 음식이 아니라 나를 기억해 주는 마음의 증거였다. 추운 겨울밤이면 전구를 품에 안고 잠들었다. 불빛이 주는 희미한 온기만이 내 유일한 위로였다. 그 온기 안에서 나는 꿈을 꾸곤 했다. 누군가 내 이름을 불러주는 꿈, 내가 소중하다고 말해주는 꿈을.

남들이 말하는 꽃 같은 학창 시절은 내게 없었다. 정확히 말하자면 기억이 없다. 모두 어디론가 사라져 버렸다. 나중에야 알게 되었다. 너무 아프면 사람은 기억을 숨긴다는 것을. 살아내기 위해서 내 안의 어린 나는 스스로를 깊은 잠에 빠뜨렸다. 차가운 바닥에 홀로 앉아 있을 때, 배고픔보다 더 큰 허기는 마음의 허기였다. 누군가의 눈길, 누군가의 말 한마디라도 간절했다. 그렇게 잊힌 줄 알았던 시간들이 어느 날 문득 되살아났다. 바람 한 줄기, 밥 짓는 냄새, 따뜻한 말 한마디가 나를 그 시절로 데려갔다. 처음엔 두려웠다. 그 시절의 나를 마주한다는 것이. 하지만 피할 수는 없었다. 나는 천천히 다가가 그 소녀의 손을 잡았다. 말없이 안아주었다. '괜찮아, 여기까지 잘 와줘서 고마워.'

그 순간 나는 깨달았다. 지운 것이 아니라, 감춰둔 것이었다. 기억은 살아 있었고, 울고 있던 나도 살아 있었다. 다만 너무 아파서, 꺼내지 못했을 뿐이었다. 내 안의 그 아이를 만난 이후, 나는 조금씩 변하기 시작했다. 과거를 부끄러워하지 않게 되었고, 어린 날의 나를 미워하지 않게 되었다. 오히려 고마움을 느꼈다. 그렇게 용감히 견뎌낸 작은 생명에게.

그 긴 시간 동안 나는 마음의 근육을 키웠고, 생각의 근육도 자라났다. 덕분에 지금의 나는 감정을 글로 표현할 수 있게 되었다. 슬픔을 안아주고, 고통을 살며시 꺼내 보일 수 있게 되었다. 사람들이 내게 묻곤 한다.

"어떻게 그렇게 감정을 잘 표현하세요?"

나는 차마 말하지 못한다. 표현이 내 유일한 창이었음을. 내 존재를 증명하는 유일한 다리였음을.

  글을 쓸 때마다, 나는 그때의 나로 돌아간다. 아무도 듣지 않던 내 속마음들을 종이 위에 올린다. 그 순간 나는 완전해진다. 상처받은 소녀와, 그 소녀를 품어주는 어른이 하나가 되는 시간. 그래서 나는 지금도 문장을 꼭 껴안고 살아간다. 그것들은 내 무기이자 방패이고, 나의 집이자 길이다.

  이 책은, 내 안에 오래도록 웅크려 있던 소녀가 조심스레 꺼낸 이야기다. 가장 진짜였던 날들의 기록이자, 눈물로 썼고, 한숨으로 고쳤으며, 웃음으로 마무리한 이야기다.

  지금도 조용히 울고 있는 누군가에게 이 작은 불빛이 닿기를 바란다. 혼자라고 느끼는 이들에게, 여기 같은 길을 걸어온 사람이 있다고 전하고 싶다. 어둠 속에서도 별은 빛나고 있었다. 단지 우리가 고개를 들어 바라보지 못했을 뿐이었다. 당신도 그런 별 같은 사람이다.

  당신이 오늘도 그저 '잘 살아보려' 애쓰고 있다면 그것만으로 충분하다. 잘 산다는 건 거창한 일이 아니다. 하루를 무사히 견뎌내는 것만으로도 충분히 잘 사는 것이다. 내가 그 시절 바랐던 것도 그런 것이었다. 평범하고 따뜻하게 누군가와 밥을 나누는 것. 걱정 없이 잠들 수 있는 밤. 내일이 오늘보다 조금 더 나았으면 하는 소망.

  당신의 마음도 언젠가는 따뜻한 품 안에서 스스로를 안아주게 되기를. 그 품은 타인의 것일 수도, 당신 자신의 것일 수도 있다. 중요한 건, 그 순간은 반드시 온다는 것이다. 그날이 오면 삶은 달라진다. 같은 하늘이 새로워지고, 같은 바람이 다르게 느껴질 것이다. 그리고 당신은 알게 될 것이다. 지금의 모든 아픔과 외로움이 바로 그날을 위한 것이었음을.

  이 이야기가 당신에게 잔잔한 위로가 되기를, 조용한 용기가 되기를, 포근한 희망이 되기를 진심으로 바라며.

  오늘도 묵묵히 자신만의 길을 걷고 있는 모든 이에게 이 책을 바친다.

지금, 이 순간 견디며 살아내는 당신의 곁에서
김미송

목차

004 **프롤로그** 이 책을 쓰는 이유

1부 ✦✦✦ 버티는 삶의 한가운데에서

015	엄마라는 이름을 잃어버린 날들	1장
025	괜찮아야 사랑받는 줄 알았어	2장
034	기억이 비워낸 자리에 앉아 있던 나	3장
046	여덟 살, 봄날의 작별	4장
056	텅 빈 구멍을 채우고 싶었던 마음	5장
067	혼자라는 단어가 내 안에 남긴 친구	6장

2부 ✦✦✦ 무너지지 않기 위해 애썼던 날들

081	달빛처럼 스며드는 자기 돌봄	7장
097	나와 같은 길을 걸어가는 당신에게	8장
106	눈물도 허락받아야 했던 날들	9장
117	엄마도 엄마가 처음이었으니까	10장
127	가면 너머로 흘러내린 진실의 눈물	11장
136	내 안의 목소리가 나를 살리는 순간	12장

3부 ✦✦✦ 다시, 시작할 수 있는 사람

149	나는 지금, 서툴지만 피는 중	13장
158	처음, 그 떨림의 온도	14장
168	내가 내 편이 되어주는 시간	15장
177	이제는 내가 나를 안아줄 차례	16장

4부 ✦✦✦ 나를 지키며 살아가는 법

191	미안함이 꽃이 되는 순간	17장
200	마음 한구석에 심어둔 약속의 정원	18장
212	바람이 되어 떠나는 인연의 신호	19장
221	혼자 일어선 자리에서 만든 기적의 유산	20장

236 **에필로그** 다시 피어나는 마음

1부

버티는 삶의 한가운데에서

1장
엄마라는 이름을 잃어버린 날들

✦
✦
✦

"엄마라는 이름 앞에 늘 마음이 저릿했던 건,
그 단어가 내게는 그리움이자 상처였기 때문이에요."

어린 시절부터 내 마음 한편에는 이름 없는 빈자리가 있었다. 누군가의 따스한 품을 그리워하며 기다리다가 어느새 자라난 마음의 허기였다. '엄마'라는 단어가 스쳐 갈 때면 가슴 깊은 곳이 쿡 하고 아려왔다. 엄마 없는 세상을 애써 외면하려는 듯, 마치 엄마가 곁에 있는 아이인 척 살았다. 아무렇지 않은 척, 세상 모든 아이가 안고 사는 가정이라는 포근한 울타리 안에 나도 있는 것처럼 굴었다. 없는 것을 드러내는 게 부끄럽고 초라해 보일까 봐 자신을 속이며 버텨냈다. 고아는 아니었다. 하지만 고아처럼 살아야 했던 아이였다. 누군가의 품에 안긴 적은 있었지만, 그 품은 언제나 텅 비어 있었고, 내 이름을 부르는 목소리는 있었지만, 단 한 번도 따뜻하게 들리지 않았다. 사람들이 흔히 말하는 엄마의 품이 어떤 것인지 기억하지 못한다.

유대인의 속담 중에 마음에 오래 남는 문장이 있다.

"신은 모든 곳에 있을 수 없어 어머니라는 존재를 정성스럽게 빚으셨다."

처음 들었을 때, 이 문장은 마치 새벽녘 고요한 바람처럼 내 마음 깊은 곳을 슬며시 건드렸다. 성경에는 신이 세상을 창조한 후, 인간에게 사랑과 연민을 전했다는 이야기가 있다. 탈무드는 그 사랑을 삶 속에서 어떻게 실천하며 살아야 하는지 알려준다. 유대인들은 아이가 자라며 어머니의 무릎 위에서 토라를 읽는 것을 신의 음성을 처음 만나는 시간이라 믿는다. 어머니가 품은 신의 사랑이 아이가 머무는 첫 안식처라고 했다. 작은 영혼의 가슴에 지혜의 씨앗을 심고, 세상의 낯설고 날 선 기운으로부터 온몸으로 아이를 감싸는 자리.

이 말이 사실이라면 세상 모든 아이는 엄마 품 안에서 신의 온기와 자비를 차분히 흡수하며 자랐을 것이다. 가장 부드러운 위로, 가장 깊은 연민, 그리고 가장 오래도록 불리고 싶은 이름. 엄마.

　하지만 나는 그 따뜻한 존재를 너무 일찍 잃었다. 마치 준비되지 않은 아이에게 세상이 먼저 찾아온 것처럼, 홀로 남겨졌다. 살아가던 어느 날, 내 안의 작은 내가 물어본다. 왜 그 품을 한 번도 제대로 느낄 수 없었을까. 세상이 유난히 무겁게 느껴지는 날이면 혼잣말처럼, 혹은 기도처럼 신에게 말을 건넨다. '당신이 엄마를 데려갔으니, 이제는 당신이 나를 보듬어 주세요.' 할 수 있는 유일한 반항이었고 작은 몸으로 겨우 내뱉는 원망이었다.

　신이 그 울음에 귀 기울였는지는 알 수 없다. 하지만 분명한 건 그 시절 한없이 작고 여렸던 나는 혼자였고, 내 안을 감싸던 고요는 외로움보다 더 차갑게 시렸다는 것이다. 어느새 엄마 없는 세상을 견디기보다 엄마 없는 나를 견디는 법부터 배워야 했다. 누군가의 말처럼 용기 있게 살아낸 것도, 위대하게 버텨낸 것도 아니었다. 그저 살아졌다. 숨을 쉬었고 아침이 오면 일어났고, 밤이면 스스로를 끌어안은 채 잠들었다. 누구는 강하다고 말했지만, 사실은 무너지지 않기 위해 감정을 눌러두었고 기억을 밀어냈으며, 외면하는 법을 먼저 배운 아이였을 뿐이다. 누군가의 다정한 말 한 줄에도 쉽게 무너지고, 어떤 엄마와 아이의 사소한 장면 앞에서도 가슴이 찡하게 쓰라렸다. 부러움이라기보다 내 안에 오래 남은 결핍이 만들어낸 파문이었다. 이제야 안다. 그 어린 내가 강해서 견딘 게 아니었다. 다른 선택이 없었기에 버텼다. 엄마 없는 세상을 견딘 내가 아니라 엄마 없는 나를 견딘 내가 거기 있었다.

중학교 때부터 홀로였다. 누구도 책임져 주지 않았다. 동사무소에서 받은 쌀과 라면만이 하루하루를 지탱했다. '힘들다', '외롭다'라는 말 한마디조차 꺼낼 수 없었다. 그 말을 들어줄 이도, 기대어 울 수 있는 어른도 곁에 없었다. 창밖으로 잿빛 벽만 보이는 어두운 방에서, 밤인지 낮인지조차 분간할 수 없는 그 작은 공간 속에서 자신을 안아주지도 못한 채 천천히 스러져 갔다. 아침마다 다정히 이름을 불러 깨워주는 이도, 말없이 밥상을 차려 놓고 기다려주는 이도, 아무 말 없이 벗어놓은 옷을 정갈히 빨아 널어주는 사람도 곁에 없었다.

당시 나이 겨우 열네 살이었다. 보호받아야 할 나이에 살아남는 법을 먼저 배웠다.

소풍 날이면 텅 빈 도시락을 들고 갔다. 점심시간이면 운동장 구석으로 걸어가 차가운 수도꼭지 물로 배고픔을 달랬다. 물 한 모금이 목구멍을 타고 내려가는 동안 들키지 않으려 숨을 죽였다. 누가 볼까, 초라한 마음이 들킬까 봐 한없이 작아졌다. 아무도 내 마음을 몰랐다. 아무도 묻지 않았다. 세상 가장자리에서 투명한 그림자처럼 버텼다.

지금도 그날을 떠올리면 눈물이 뚝뚝 떨어져 바닥을 적신다. 가슴이 먹먹해져 숨이 막힐 것 같다. 그 시절은 아직도 마음 어딘가에 아물지 못한 상처로 남아 있다. 아직 그 아이를 다정히 안아줄 용기가 부족하다. 그때를 떠올리는 것만으로도 가슴이 무너져 내리니까.

하지만 이제는 안다. 그 아이를 안아주지 않으면 앞으로도 나를 온전히 사랑하지 못한 채 살아갈 것이다. 돌아보면 엄마가 있는 사람처럼 살려고 애썼다. 진짜 나는 누구였을까. 어떤 아이였고 어떤 마음을 안고 살았을까. 살아남기 위해 상처를 외면한 채 달려온 날들. 한 번쯤은 어린 나를 포근히 안아주고 싶었다. '괜찮아, 너 정말 잘 살아냈다.'

이렇게 말해줄 어른이 단 한 사람이라도 있었더라면. 그 어린 시절 내가 바라던 어른을 이제 내가 되어주려 한다. 나를 다정히 안아주는 연습을 지금부터 시작하려 한다.

삶을 살아가다 보면 문득 이런 순간이 찾아온다. 텅 빈 거실에 앉아 소파의 쿠션 하나에도 기댈 여유 없는 느낌. 멍하니 천장을 바라보며 스스로에게 묻는다. 내가 뭘 잘못했을까. 왜 자꾸 마음이 허기지고, 왜 이토록 깊은 외로움이 나를 휩쓸어 가는 걸까.

그저 잘 살아보려고 했다. 남들보다 먼저 일어나 모난 말이 흘러나오지 않도록 입술을 다물었고, 누군가의 실망이 되지 않으려 한 걸음, 아니 두 걸음 앞서 달렸다. 매일 최선을 다해 버텼다. 지치고 아파도 내 몫이니까 감당해야 한다고 스스로를 다독였다.

사람들은 말했다. "넌 참 성실하고 마음이 고운 사람이야." 이 칭찬은 이상하게도 나를 더 외롭게 만들었다. 그 말속엔 '넌 원래 잘하니까, 이번에도 괜찮을 거야'라는 조용한 기대와 침묵이 담겨 있었다. 누군가는 나를 좋은 사람이라 했다. 하지만 그 말 뒤에 숨은 내 울음을 아무도 듣지 못했다.

웃음 뒤에 몇 번이나 울다 잠든 밤이 있었는지, 조용히 삼킨 후회가 얼마나 많았는지, 아무도 몰랐다. 내 마음은 늘 구석진 곳에 놓여 있었다. 누군가의 기대를 채우느라, 나 하나쯤은 괜찮다고 넘기느라 진짜 내 모습은 언제나 한쪽으로 밀려나 있었다.

삶이 벅차서가 아니었다. 매일 감당할 힘은 충분했다. 문제는 내 마음이 너무 오래 외면당한 채 살아왔다는 것이었다. 힘든 날이면 '견딜 수 있다'라고 넘기고, 울고 싶은 날엔 '지금 울면 안 된다'라고 다그쳤다. 쓰러질 것 같은 순간에도 이를 악물고 버텼다. 그저 잘 살아보려고 했으니까. 어느 날 내 안에서 작은 균열이 생겼다. 별일 아닌데도 눈물이 흘렀다. 누군가가 무심코 던진 한마디에 마음 깊숙한 곳까지 서늘하게 무너졌다. 깨달았다. 아무도 나를 보듬어 주지 않았다고 느꼈던 시간들, 사실은 내가 나를 가장 먼저 놓치고 있었던 시간이었다.

다른 이들의 아픔엔 참 따뜻한 사람이었다. 그들의 상처에 다정한 말을 건넬 줄 알았다. 기댈 수 있는 사람이 되기 위해 애썼다. 하지만 정작 나 자신에게는 단 한 번도 그렇게 하지 않았다.

성경에는 또 다른 가르침이 있다. "너의 마음을 지켜라, 거기서 삶이 시작되기 때문이다."(잠언 4:23) 진실한 마음을 마주하는 일은 고통스럽지만, 그 마음속에서만 새로운 삶이 뿌리내린다. 오랫동안 내 진실을 외면했다. '괜찮다'라는 거짓말로 나를 가뒀다.

앤젤라 데이비스는 말했다. "당신 자신을 돌보는 것이 이 세상에서 가장 큰 책임이다." 이제야 이 말이 가슴 깊이 스며든다. 내가 나를 돌보지 않으면 누구도 대신해 줄 수 없다. 내 마음이 아프다는 말, 위로받고 싶다는 말을 꺼내지 못한 채 속으로 삼키

며 살아온 시간이 너무 길었다. '그냥 잘 살아보려고 했을 뿐인데……'

 이 한마디를 꺼내는 순간 가슴이 저려온다. 목이 메고 눈물이 고인다. 아마도 우리가 정말 진심으로 매 순간을 버텨냈기 때문일 것이다. 어떤 날도 쉽게 넘기지 않았다. 누구보다 부지런히 자신을 다잡으며 살아왔다. 오늘 당신에게 이 말을 꼭 전하고 싶다. 정말 잘 살아왔다. 당신은 언제나 진심이었고 그 진심으로 하루하루를 이겨낸 사람이다. 나는 그걸 안다. 이제는 나 자신에게 이 말을 들려줄 때다. 남들의 진심이 보이지 않았던 것처럼, 내 안의 상처와 마음도 내가 먼저 들여다봐야 한다. 여전히 완벽하지 않다. 지금도 흔들리고 외롭고, 때론 지쳐 멈추고 싶다. 하지만 이제는 모든 감정을 덮거나 억지로 참지 않기로 했다. 이제야 비로소 내 안의 내가 나를 바라본다. 조금씩, 아주 천천히 오랫동안 외면했던 나를 토닥이는 연습을 시작한다.

 유대인들은 토라를 읽으며 신과의 약속을 되새긴다. 나는 나와의 약속을 되새기려 한다. 나를 사랑하고 나를 보듬는 약속을.

 그냥 잘 살아보려고 했을 뿐이다. 이것만으로도 참 잘해온 사람이다.

 하나 더 알게 된 것이 있다. 진정한 용기는 버티는 것에서 시작된다는 것 말이다. 그래, 버티자. 지금은 이 순간만. 누군가가 말해주지 않아도 알 수 있었다. 그냥 버티다 보면 언젠가는 정말 좋은 날이 올지도 모른다는 것을. 물론 버틴다는 건 말처럼 쉬운 일이 아니라는 것도 안다. 견디고, 속이 타들어 가도 묵묵히 참고, 또 하루를 넘기는 일이 얼마나 외롭고 힘든 일인지 누구보다 잘 안다. 그런데도 말하고 싶다. 그래도 버텨보자. 답이 없는 날들이 우리 인생엔 정말 많으니까. 숨 쉬는 것조차 버거웠던 날들, 모든 게 무너져버릴 것 같았던 시간에도 버텼고, 그래서 이렇게 살아 있다. 기회는 버텨낸 사람에게 온다. 시간은 견뎌낸 사람에게 조용히 작은 문을 열어준다. 지금 너무 힘든 당신이라면 그냥 딱 하루만 더 버텨보자. 하루가 지나면 또 하루가 이어지고, 그 하루들이 쌓이다 보면 어느새 당신은 더 단단해지고 더 다정해져 있을 테니까. 버티는 건 힘들지만, 버티고 나면 알게 된다. 살아낸다는 게 결국 얼마나 용기 있는 일이었는지를.

   이 책의 첫 장을 열어준 당신의 마음에도 이 말이 오래도록 따스한 바람처럼 머물기를.

   정말 당신은 잘 살아온 사람입니다.

나는 그냥 잘 살아보려고 했을 뿐이에요

2장
괜찮아야 사랑받는 줄 알았어

"괜찮다고 말해야만 살 수 있었고, 그 말은 결국
감정을 숨기는 습관이자 나의 갑옷이 되었다."

세상에 태어나자마자 사랑을 잃었다. 엄마라는 이름의 포근한 품, 그 따뜻한 안식처에 오래 머물지도 못한 채 세상의 차가운 바람 속으로 내던져졌다. 아버지는 서른네 살 늦은 나이에 결혼해 첫 아이를 잃은 상처를 간신히 어루만지고 기적처럼 나를 얻었다. 하지만 기적은 오래가지 않았다. 내가 겨우 열여덟 달이었을 때, 뱃속에 여섯 달 된 동생과 함께 엄마는 차가운 바닷속으로 들어가 영영 돌아오지 못했다. 이후 엄마는 내 기억 속에서 아스라한 바람처럼 스쳐 갔다. 아버지는 세상을 등지고 싶을 만큼 허망한 마음에 농약을 들었다. 그런데 그 밤 꿈속에서 엄마가 나타났다.

"그 아이를 지켜줘."

한마디가 멈춰가던 아버지의 심장을 다시 뛰게 했다. 삶이 무너져가는 와중에도 아버지는 끝내 남은 온기를 다 쥐어 짜내어 내 이름을 붙잡고 버텨내셨다. 하지만 그 말이 남긴 후유증은 아버지의 몸을 천천히, 깊이 갉아 먹었다. 살아 있으나 삶이 아니었던 시간들 속에서 나는 아버지의 고통을 지켜보는 딸이었다. 마침내 아버지가 환갑을 맞이하던 해, 오래 품어온 사랑과 아픔을 내려놓듯 아버지는 엄마가 기다리고 있는 곳으로 떠나셨다. 그 마지막 순간 나는 아버지의 품에서 숨죽여 울었다. 가슴이 무너지는 소리가 들릴 만큼 아팠지만, 그 품마저 서서히 차갑게 식어갔다. 세상에서 가장 따뜻했던 품이 덧없이 사라지는 것을 아무 말 없이 가슴으로 받아들여야 했다.

나는 외동이었다. 형제도 기댈 어른도 없었다. 엄마가 없는 나는 친할머니 품에 맡겨졌다. 갓난아기였던 나는 젖도 떼지 못한 채, 울음이 터질 때마다 할머니의 등에 업혀 옆 동네로 갔다. 사촌 집 아주머니의 품에서 얻어낸 젖 한 모금이 내 작은 심장을 이어주는 생명의 실낱이었다. 할머니는 밥이 끓기도 전에 위에 뜬 밥물을 떠서 먹이며 나를 키웠다. 아직 퍼지지도 않은 뜨거운 밥물과 물에 떠도는 밥알 몇 개가 전부였던 한 끼. 단순한 음식이 아니라 나를 살리려는 간절한 마음이자 버틸 수 있기를 바라는 애타는 기도였다. 어린 나는 그 온기의 깊이를 헤아리지 못한 채 울음을 삼키고 조심스레 입을 대며 자랐다.

사랑은 멀리서 오는 게 아니었다. 하느님이 우리 안에 심어준 사랑의 씨앗은 먼저 내 마음 안에서 자라야 했다. 그 사랑이 충분히 자랐을 때야 비로소 누군가를 품을 수 있는 사람이 될 수 있었다. 어린 시절 나는 이걸 알지 못했다. 사랑은 누군가가 나에게 주는 것이라고만 생각했다. 늘 바라고 기다리고 갈망하면서도 채워지지 않는 마음 때문에 자주 쓰라렸다. 하지만 지금 돌아보면 어린 나도 알고 있었던 게 있었다. 할머니의 굽은 등이 그랬고 사촌 집 아주머니의 다정한 손길이 그랬다. 말없이 내 등을 토닥여주고 말없이 국 한 그릇을 내어주시던 그 마음이 사랑의 본질을 가장 단단하게 알려주는 성소였다.

그들은 말로 가르치지 않았다. 대신 삶으로 보여주었다. 진짜 사랑은 먼저 자기 안에서 시작된다는 것을. 그 사랑이 넘칠 때 비로소 타인을 따뜻하게 감쌀 수 있다는 것을. 그러니 이제는 누군가의 손길을 기다리기보다 내 안의 사랑에 먼저 귀를 기울이려 한다. 내 마음을 안아주고 다정히 말 건네는 연습을 시작하는 것이다. 어린 나는 혹시 할머니마저 나를 떠나면 어쩌나 늘 불안에 떨며 살았다. 외할머니와 함께 막내 이모가 찾아오면 나는 할머니의 치마폭 안으로 파고들어 절대 나오지 않으려 했다. 언제 또 나를 두고 떠날까 봐 그 두려움에 치마 속에서 숨죽여 잠들었다. 치마폭의 따뜻한 어둠은 나를 지켜주는 마지막 안식처였다.

어린 나는 싫어도 괜찮다고 말해야 했다. 아파도 참아야 했다. 배고픔에 배가 꼬르륵 울어도, 넘어져 무릎이 깨져 피가 흐를 때도, 괜찮다는 말을 먼저 내뱉어야 사랑받을 것 같았다. 지금 돌이켜보면 마음껏 울 수도, 기대어 잠들 수도 없던 그 시간 속에서 어린 나는 웃음보다 침묵을 먼저 배웠다. 아이답기에는 세상이 너무 차가웠다. 너무 이른 철듦은 살아남기 위한 유일한 방패였다. 언제나 난 잘 있다고 말하곤 했다. 하지만 실은 단 한 번도 진심으로 편안했던 적은 없었다. 밤이 깊어지면 어린 나는 내 마음속 가장 깊은 곳에서 웅크려 흐느낀다. 그 아이는 여전히 누군가의 따뜻한 품을 그리워하고 있다. 힘들어도 된다. 마음이 무너져도 된다. 누군가가 그 말을 한마디만 건네줬다면 그토록 쥐고 있던 마음이 조금은 놓였을 텐데. 하지만 아무도 말해주지 않았기에 이제는 내가 그 아이에게 말해주기로 했다.

　오랫동안 괜찮다는 말로 내 마음을 덮었다. 상처를 감췄다. 하지만 이제는 그 말 뒤에 숨은 울음을 꺼내어 햇살에 말리고 싶다. 이제는 안다. 진짜 용기란 아픔을 억지로 삼키는 게 아니라 그 아픔을 정직하게 마주하고 다정히 어루만지는 일이다. 평생 괜찮아야 한다는 강박 속에서 살아왔다. 하지만 이제는 괜찮지 않아도 괜찮은 사람이 되고 싶다. 슬픔이 밀려와도, 두려움이 덮쳐도, 기억이 울컥 올라와도 괜찮다. 그 감정들은 나를 무너뜨리는 것이 아니라 나를 더 깊고 단단한 사람으로 만들어주는 씨앗이다. 사실은 전혀 괜찮지 않은데도 괜찮다고 말하며 나를 감춰온 시간들. 그 시간 속에서 나는 점점 더 고요한 절망으로 걸어 들어갔다. 내 안의 슬픔은 들키지 않으려 더 깊게 더 조용히 마음의 골짜기로 스며들었다. 말로 다 담을 수 없던 감정들은 낮에는 억지웃음으로, 밤에는 무거운 침묵으로 옷을 갈아입었다. 괜찮다고 말할 때마다 그건 제발 나를 안아달라는 속삭임이었다. 버지니아 울프는 이렇게 말했다. "우리가 감추는 가장 큰 거짓말은 '난 괜찮아'라는 말이다. 그러나 그 거짓말에 가장 많이 속는 사람도, 결국 우리 자신이다." 그 말처럼 나 역시 그 거짓말에 스스로 속으며 살아왔다. 정말 괜찮지 않은 순간에도 괜찮다고 말했다. 그 말로 자신을 스스로 다독이려 애썼다. 이 정도는 다들 견디며 사는 거야. 내 감정의 진짜 목소리를 외면한 채 그럴듯한 괜찮음 속에 나를 가뒀다. 어느 날 숨이 막히는 하루가 있었다. 눈물이 멈추지 않았고 사소한 말에도 가슴이 무너져 내렸다. 그 순간 깨달았다. 내가 가장 많이 한 거짓말은 '괜찮다'였다. 그 거짓말에 가장 많이 속은 사람은 바로 나였다. 그 말은 나를 지켜주는 방패였다. 하지만 동시에 내 감정의 숨을 막는 갑옷이었다. 누군가의 시선, 기대, 요구 속에서 나는 항상 괜찮은 사람이어야 했다. 그래야만 사랑받고 살아남을 수 있을 것 같았다. 하지만 그 믿음은 나를 점점 작게 만들었다. 감정을 느끼는 감각마저 무뎌지게 했다. 괜찮다. 세 글자에 나는 얼마나 많은 눈물과 상처를 감췄을까. 얼마나 많은 밤을 외롭게 견디고 얼마나 자주 스스로를 부정하며 살아왔을까.

 누구에게도 슬픔을 털어놓을 수 없던 날들에 나는 혼자 중얼거렸다. 괜찮아야 해. 네가 무너지면 안 된다. 그 말은 나를 일으켜 세우는 버팀목이었다. 하지만 동시에 내 심장이 숨 쉴 틈을 빼앗는 족쇄였다. 어느 순간 내 안에서 무언가가 서서히 무너져 내리는 소리가 들렸다. 그건 붕괴가 아니라 억눌려 있던 진짜 나의 울음소리였다. 그 울음을 외면하지 않기로 했다. 처음으로 나 자신에게 물었다. 정말 괜찮니? 아니, 사실은 정말 많이 아프지?

그 질문 앞에서 나는 눈을 감고 고개를 끄덕였다. 비로소 감정의 문이 천천히 열렸다.

사람들은 종종 이렇게 말한다. 하기 싫은 것도 해야 나중에 하고 싶은 걸 할 수 있다. 인생은 원래 다 그런 거야. 버텨야 한다고. 하지만 이제 그 말이 늘 옳지만은 않다는 걸 안다. 하기 싫은 일 앞에서 억지로 웃으며 괜찮다고 말했던 날들이 내 마음을 얼마나 조금씩 갉아먹고 있었는지 이제야 깨닫게 되었으니까. 하기 싫다는 말을 이제는 조금 더 편하게 꺼내도 된다. 괜찮지 않다는 표현이 이제는 나를 지키기 위한 가장 진실한 언어가 될 수 있다. 괜찮다는 말은 때로는 가장 슬픈 거짓말이 되기도 한다.

아무 일도 아닌 듯 웃으며 넘겼지만, 사실 마음 한구석이 무너지고 있었던 순간들. 그 모든 순간이 나에게 속삭이고 있었다. 더는 너를 억누르지 않아도 된다고. 이제는 내 감정을 외면하지 않기로 했다. 속상한 날에는 속상하다고 말하고, 아픈 날엔 울어도 된다고, 다정히 말해주기로 했다. 다른 사람의 마음을 먼저 살피느라 늘 뒷순위로 밀려났던 내 마음을 이제는 가장 먼저 들어주는 연습을 시작한 것이다.

이제 나 자신에게 건네는 거짓된 말, 괜찮다는 말을 그만두기로 하자. 괜찮지 않은 날에는 그 감정을 숨기지 않고 품을 수 있는 용기를 내보자. 그것이 나를 아끼는 일이고 나를 지키는 사랑이라는 걸 천천히 배워가야 하니까.

　언젠가는 정말로 진심으로 괜찮다고 말할 수 있는 날이 올 것이다. 그때까지 나는 괜찮지 않은 나를 사랑하며 조금 느려도, 조금 흔들려도 천천히, 그러나 꿋꿋이 나아가려 한다.

　당신의 마음에도 이 말이 따뜻한 바람처럼 스며들기를.

　괜찮지 않아도 괜찮다. 당신도, 그리고 나도 그렇게 살아내고 있으니까.

3장
기억이 비워낸 자리에 앉아 있던 나

✦
✦
✦

"기억은 사라진 적 없다. 단지 마음이 그 기억을 꺼낼 용기를 기다리고 있었을 뿐이다."

사람의 몸에서 가장 높은 곳에 자리한 것은 뇌다. 왜 뇌가 가슴보다, 눈보다도 위에 있을까. 어쩌면 그것은 세상을 마주하기 전에 먼저 마음의 떨림을 붙잡으려는 배려였을지도 모른다. 슬픔이 스며들 때 뇌가 고통을 먼저 알아차리고 마음이 더 깊이 찢어지지 않도록 부드럽게 감싸안으려 했던 것은 아닐까. 너무 아픈 순간을 마주할 준비가 되지 않았을 때, 뇌는 기억을 감춘다. 그것은 약함이 아니라 살아남기 위한 지혜다. 어린아이가 무서운

꿈을 꾸다가 이불을 머리끝까지 덮어쓰듯, 마음도 견딜 수 없는 아픔 앞에서는 스스로를 보호한다.

중학교 2년 동안의 기억이 내게는 없다. 정확히 말하면 그 시절 나를 떠올릴 수가 없다. 내 얼굴도, 미소도, 어떤 순간도 안개처럼 흐릿하다. 친구들이 말한다.
"너 그때 그랬잖아."
"기억 안 나? 우리 같이 웃으며 길을 걷던 날."
그런 말을 들을 때면 가슴이 아릿해진다. 정말 하나도 기억나지 않는다고 차마 말하지 못하고 그저 어색한 미소로 얼버무린다. 그 시절 나는 기억조차 감당할 수 없을 만큼 지쳐 있었다.
세끼를 제대로 먹기 어려운 날들이 이어졌고 내 몸은 점점 말라갔다. 기침은 갈수록 깊어졌고 결국 결핵이 찾아왔다. 겨울이면 연탄 한 장 없는 방에서 차가운 공기가 폐를 찌르는 듯한 고요 속에 웅크려 가쁜 숨을 몰아쉬었다. 결핵은 내 허기와 불안 그리고 추위 속에서 자랐다. 기침은 갈비뼈 사이를 칼처럼 찌르는 통증으로 번졌고 늑간신경통이라는 또 다른 아픔을 데려왔다. 어린 몸으로 그 통증을, 이를 악물고 삼키며 살아야 했다.
심리학에서는 이런 현상을 '해리성 기억상실'이라 부른다. 너무 큰 고통 앞에서 뇌가 기억을 차단해 마음을 보호하는 것이다. 감정과 현실을 분리해 그 순간의 나를 지키려는 본능이다. 누군가는 그것을 병이라 말하지만 나는 안다. 그것은 어린 나에게 남은 마지막 방어막이었다. 그 방어막 덕분에 나는 무너지지 않고 그 시간을 통과할 수 있었다. 기억은 점점 흐려졌고 어떤 장면은 통째로 지워진 것처럼 나조차 찾을 수 없었다. 친구들의 이야기 속에는 생생한 나가 있지만 내 안에서는 그 시절 내가 조용히 사라진 상태였다. 마치 누군가 내 삶의 필름에서 두 해를 잘라낸 것처럼.

무엇이 그렇게도 무거워서 내 마음은 그 시간을 통째로 감췄을까. 아마도 혼자 살아야 했던 그 날들이 너무 두렵고 아프고 막막해서였을 것이다. 어린 나는 외로움의 무게를 견디는 대신 기억을 덮어버렸다. 그리고 차가운 방 안에서 숨을 고르며 가슴속 울음을 삼키는 법을 배웠다.

그 시절 내 집은 친구들의 쉼터였다. 친구들은 엄마와 싸우면 늘 우리 집으로 왔다. 입을 잔뜩 내밀고 그 투덜거리는 목소리가 방 안 가득 퍼지면 나는 조용히 그들을 바라보았다.

그 말 속에는 따뜻한 불평이 있었고 돌아갈 집이 있었다. 잔소리를 싫어하면서도 엄마 품에서 울고 웃으며 마음을 풀어내는 모습. 그 장면들은 내겐 너무도 낯설고 시리도록 부러운 풍경이었다. 그때 나는 마음속으로 혼자 말했다. '나도 싸울 수 있는 엄마가 있었으면 좋겠다.'

잔소리를 들어도, 억울한 말을 들어도 그 모든 감정을 받아줄 누군가가 곁에 있다는 것. 화내고 울고 투정 부리고, 그러다 끌어안고 화해하는 그 모든 순간이 내게는 모두 부러움이자 상상 속 이야기였다. 그들이 흘리는 눈물마저 내게는 닿을 수 없는 따뜻한 꿈 같았다. 그러나 나는 안다. 그 부러움 속에도 내 마음은 비어 있는 것이 아니라 그들을 바라보며 조금씩 채워지고 있었다는 것을. 친구들의 투덜거림과 그들의 눈물과 웃음, 그 모든 감정의 흔적이 내게도 작은 온기가 되어 남았다. 그 시절 나는 누군가를 부러워하지 않으려고 애썼다. 감정이 올라와도 애써 웃었고, 마음이 아파도 아무렇지 않은 척 넘기곤 했다. 그렇게라도 하지 않으면 스스로 무너질까 두려웠다. 하지만 어떤 장면, 어떤 말 한마디는 조용히 마음에 파문을 일으켰다. 친구가 무심히 던진 말. "우리 엄마는 어제도 잔소리했어."

그 말이 그렇게 오래 맴돌 줄은 몰랐다. 잔소리도, 훈계도, 때로는 억울한 오해조차도 그저 '엄마'라는 존재가 곁에 있다는 증거처럼 느껴졌다. 나는 그런 사소한 것조차 가져본 적이 없었기에 그 모든 일상이 부러웠고, 한편으로는 그게 나를 슬프게 만들었다. 김치를, 또 어느 날은 휴지를 들고 찾아온 친구들. 서로의 빈자리를 채워주던 따뜻한 마음들이었다. 아무것도 없던 우리였지만 함께 밥을 나눈다는 것이 얼마나 포근한 일상인지 나는 그때 처음 알았다.

함께 밥을 먹고 나란히 앉아 수다를 떨고 눈을 마주치며 웃던 순간들. 그 소박한 시간이 나를 살게 했다. 내 집은 친구들의 발자국으로 따뜻했고, 그 아이들은 이것저것 손에 들고 와서 내 집을 자기 집처럼 드나들었다. 나는 말없이 지쳐 있었지만, 그 친구들이 곁에 있어 주었기에 무너지지 않고 하루하루를 버텼다. 그 아이들은 내 생계를 나눠 감당해 준 작은 보호자였고 나를 삶으로 붙들어준 다정한 가족이었다.

그 시절 내게는 많은 것이 부족했지만 단 하나 어떤 순간에도 놓치고 싶지 않은 것이 있었다. 가장 불안했던 순간에도 냉장고 안에 김치만은 꼭 있어야 했다. 그것이 없으면 마음 어딘가가 휑해졌고, 김치통이 가득 차 있는 날엔 왠지 모르게 숨이 편안히 놓였다. 김치는 단순한 반찬이 아니었다. 내게는 '집'이었고 지켜야만 했던 삶의 한 조각이었다. 배추가 밭에서 뽑히는 순간부터 김치가 되기까지는 수많은 '참음'과 '기다림'이 필요했다. 칼로 반을 가를 때마다 한 번, 소금에 절여지는 순간마다 또 한 번, 고춧가루와 젓갈 마늘이 버무려지는 과정에서 다시 한번, 그리고 김치통 깊숙이 눌려 묵묵히 숙성되는 시간 속에서 또 한 번. 그렇게 여러 번을 거듭해 마침내 식탁에 오르는 김치 한 점. 뜨끈한 밥 위에 올려 입에 넣는 순간 나는 살아 있음을 느꼈다. 비록 누군가의 품은 없었지만, 그 김치 한 점이 등 뒤에서 조용히 나를 안아주는 듯했다.

추억 속 김치는 눈물로 익은 맛이었고 어린 내가 삼켜낸 세상의 짠맛이기도 했다. 하지만 그 안엔 이상하리만치 따뜻함이 배어 있었다. 그래서일까. 지금도 냉장고에 김치통이 비어 있으면 왠지 모르게 불안하다. 한 칸 가득 김치가 채워진 날에는 내 마음도 편안히 눕는다. 그때는 몰랐다. 작고 여린 내가 그 한 통의 김치에 얼마나 의지하며 살았는지를. 이제야 알 것 같다. 김치 한 통이 그토록 나를 지켜준 기억이었다는 것을. 그리고 그 시절 내게 김치를 안겨주던 친구들 가운데 한 친구는 지금도 해마다 김장김치를 보내온다. 세월이 흘러도 변하지 않는 마음 하나가 여전히 내 밥상 위에 다정히 놓인다. 그 친구 김치의 속에는 오래전 우리들이 함께 나눈 따뜻한 날들이 아직도 고스란히 담겨 있다. 밤이면 깔깔대며 이야기를 나누고 하루의 조각들을 주고받던 그 순간들은 이제 와 돌이켜보면 참 귀한 기억이다.

'수다가 사람을 살린다'라는 말이 있다. 나는 그 말이 진심이라고 생각한다. 그 시절 친구들과 나눈 수다는 내 마음의 어두운 구석을 비추는 작은 등불이었다. 그 불빛은 지금도 내 안에서 꺼지지 않고 반짝인다. 지금도 우리는 그 우정을 간직하며 살아간다. 멀리 떨어져 있어도 같은 하늘 아래에서 그 시절의 마음을 함께 떠올린다. 라면을 끓여 먹던 이야기, 비 오는 날 창밖을 보며 나눴던 속삭임들, 그런 기억을 곱게 꺼내 이야기한다. 하지만 그 기억 중심에서 나는 여전히 혼자였던 그 아이를 마주한다. 함께 웃었지만, 마음 깊은 곳은 울고 있었다. 그 울음은 아무도 보지 못하는 곳에서 조용히 고여 있었다. 그래도 참 다행이다. 그 시절 함께 웃어준 친구들이 있었다. 그 따뜻한 웃음이 내 삶의 소중한 조각이 되었다.

깊은 밤. 불 꺼진 방에서 작은 카세트 라디오의 음악은 나의 유일한 친구였다. 희미한 멜로디가 차가운 공기를 뚫고 내 가슴에 닿았다. 내가 살아 있음을 증명해 주던 소리였다. 그래서일까. 지금도 거실 한쪽에는 늘 라디오가 켜져 있다. 글을 쓰거나 길을 떠날 때 나는 언제나 음악과 함께한다. 멜로디는 마음의 구석진 곳을 다정히 어루만진다. 어린 시절 그 차가운 밤을 버텨주던 음악처럼. 나는 그때부터 마음을 다독이는 법을 배웠다. '그때 나는 어떻게 버틴 걸까?' 그 작은 몸으로 혼자 지내며, 얼마나 무서웠을까. 배고픔보다 더 무서웠던 것은 아무도 없는 그 고요함이었다.

그 정적 속에서 나는 살아남기 위해 기억을 감췄다. 가슴이 먹먹해지는 순간에도 눈물을 삼키며 고개를 들었다. 트라우마는 마음에 깊은 흔적을 남긴다. 단순히 사건이 아니라 그 사건이 우리 내면에 남긴 파문이다. 그 파문은 때로 기억을 흐릿하게 만들고 감정을 얼어붙게 한다. 하지만 그 얼어붙은 기억조차 완전히 사라지는 법은 없다. 마음이 단단해질 때까지 조용히 기다린다. 그렇게 내 안의 작은 나는 잊는 대신 숨었고 감추는 대신 버텼다. 하지만 세월이 흐르며 그 기억들이 살며시 걸어 나오려 한다. 라디오에서 흘러나오는 낡은 멜로디, 코끝을 스치는 오래된 냄새, 꿈속에 떠오르는 빛바랜 풍경. 그 순간 나는 멈춰 서서 그 아이와 눈을 마주친다. "넌 누구니?" 나는 조심스레 묻는다. 입술을 떨며 서 있는 그 아이. 조금 전의 나였다. 기억이 지워진 그 자리에 내가 앉아 있었다.

이제는 안다. 기억은 억지로 꺼내는 것이 아니라 마음이 준비되었을 때 스스로 걸어 나온다. 나는 아직 그 모든 것을 마주할 용기가 부족하다. 하지만 이제는 그 아이를 외면하지 않으려 한다. 그 아이의 상처를 내가 먼저 안아주지 않으면 그 누구도 해줄 수 없다. 클라라 루이스는 말했다. "상처 입은 기억은 사라지지 않는다. 다만 우리가 그것과 화해할 준비가 되었을 때 기억은 마침내 손을 내민다." 이 말이 내 가슴 깊이 스며든다. 기억은 지워지는 것이 아니라 품어지기를 기다린다. 가슴 한쪽에서 조용히 숨 쉬며 내가 손 내밀기를 기다린다.

나는 이제 그 아이에게 말한다. 그 시절, 정말 잘 버텼다. 기억 속에 없어도 나는 네가 얼마나 외로웠는지 안다. 다시 그 시절로 돌아간다 해도 나는 네 손을 꼭 잡아줄 것이다.

어느 날 따스한 햇살이 창문을 스쳤다. 오래된 사진 속 흐릿한 미소, 누군가 건넨 아무렇지 않은 말 한마디. 그 조각들이 퍼즐처럼 맞춰지며 잊혔다고 믿었던 그때의 내가 천천히 내 앞에 걸어 나왔다. 길을 잃고 헤매다 돌아온 아이처럼 낯설지만 반가운 얼굴로.

그 순간 깨달았다. 기억은 사라진 것이 아니라 내가 마주할 준비가 되기를 기다렸다. 내가 단단해지고 그 시간을 품을 만큼 따뜻해질 때까지 기억은 조용히 나를 기다렸다.

우리는 종종 기억을 밀어낸다. 괜찮다, 다 지나간 일이다. 그렇게 스스로 다독인다. 하지만 그 다독임은 때로 눈물 위에 덮어쓴 억지 미소다. 그 미소 뒤에 숨은 울음이 내 안에서 고였다. 뇌는 마음을 가장 가까이에서 지켜본다. 이것은 지금 너무 아프니까, 나중에 기억하자. 그렇게 조용히 속삭인다. 그 지혜로운 기다림 덕분에 나는 무너지지 않고 가혹한 삶을 통과했다. 기억이 비어 있는 내 마음 깊은 곳은 고통을 견디기 위해 선택한 조용한 생존의 흔적이다. 그것은 약함이 아니라 내가 얼마나 애썼는지를 보여준다.

이제 기억이 조용히 문을 두드린다. 이젠 나를 안아줄 수 있겠니? 나는 그 문을 열기로 했다. 아직 조심스럽지만, 그 기억을 품을 만큼 단단해졌다. 내 안의 어린 나에게 말한다. 잘 견뎠다. 오래 기다렸지? 이제 내가 널 안아줄게. 이제는 정말 괜찮아.

당신의 마음 어딘가에도 아직 조용히 문을 두드리는 기억이 있을지 모른다. 너무 아파서, 너무 버거워서 미뤄두었던 시간들. 차라리 없었던 일로 만들고 싶었던 그 날의 장면들. 그 기억은 생각보다 깊은 곳에 숨어 있지 않았다. 오히려 아주 가까운 곳에서 내가 마음을 열기만을 기다리고 있었다. 그리고 언젠가 그 기억은 스스로 걸어 나온다. 마치 긴 밤을 지나 조용히 새벽이 찾아오듯. 다정한 한 문장, 조용한 숨결 하나에도 기억은 천천히 물결처럼 밀려온다.

그때가 오면 부디 이렇게 말해주기를. 그땐 너무 아팠어. 그래서 너를 만나는 걸 잠시 미뤄둘 수밖에 없었어. 이제야 너를 만나러 왔어. 늦었지만 나는 여전히 너를 기억하고 있어. 그렇게 당신은 오래도록 외면당했던 그 마음의 아이에게 가장 따뜻한 품이 되어줄 수 있다. 누구도 대신 안아주지 못했던 그 마음을 이제는 당신이 안아줄 차례다.

기억은 잊히는 것이 아니라 준비가 되었을 때 비로소 다가오는 것이다. 그것이 슬픔이든 두려움이든 혹은 오래된 그리움이든. 기억은 우리를 무너뜨리기 위해 오지 않는다. 다만 이제는 그 아픔을 품을 수 있는, 조금 더 단단해진 나를 만나기 위해 다시 그 문을 두드릴 뿐이다.

그러니 너무 두려워하지 않아도 괜찮다. 기억은 언젠가 스스로 걸어 나오고 그때 당신이 다정히 손 내밀어준다면, 그 모든 상처는 비로소 따뜻한 이해가 되어 당신 안에 안착할 것이다.

4장

여덟 살, 봄날의 작별

✦
✦
✦

"말하지 않았을 뿐이지, 내 안엔 늘 무거운 것들이
가만히 쌓여 있었다."

 나는 아주 오랜 시간 세상에서 가장 작은 소녀처럼 살아왔다. 있는 듯 없는 듯 숨을 죽이며 투명한 그림자처럼 웅크려야 했다. 큰집과 작은집을 오가며 밥상 구석에 조심스레 앉아 숟가락을 들던 아이였다. 말보다 어른들의 표정을 먼저 읽고 소리보다 눈치를 살피던 어린 내가 있었다. 가슴은 납덩이처럼 무거웠고, 목소리를 낸다는 것은 내 존재를 드러내는 위험한 일처럼 느껴졌다. 누군가의 곁에 오래 머물러도 괜찮을까, 내 존재가 부담될까 봐 나는 점점 더 작아지려 애썼다. 어린 내가 간절히 원했던 건 따뜻한 품이었다. 안심하고 기댈 수 있는 누군가의 온기였다. 하지만 그 품은 늘 멀었고 나는 홀로 서는 법을 일찍 배워야 했다. 아버지와 떨어져 살며 나는 사랑을 갈구했지만, 그 갈망을 입 밖으로 내지 못했다. 사랑받고 싶다는 마음은 가슴 깊은 곳에 묻혔고, 그 자리에는 차가운 외로움이 쌓였다.

여덟 살, 그 봄날은 내 가슴에 칼처럼 새겨졌다. 아버지는 하얀 원피스와 노란 구두를 사주셨다. 작은 손을 잡고 기차역으로 향하던 길에서 나는 아무것도 몰랐지만, 아버지의 손끝에서 전해지는 떨림만큼은 느껴졌다. 그날이 우리가 또다시 떨어져야 하는 날이라는 걸 아버지는 알고 계셨다. 기차역에서 아버지는 말없이 나를 끌어안고 오열하셨다. 울지 않는 나 대신 아버지가 목 놓아 우셨다. 그 품의 떨림은 내 가슴을 찌르는 듯했다. 지금도 그 순간을 떠올리면 가슴이 시리게 아프며 눈물이 차오른다. 기차 안에서 마신 아버지가 사준 병 우유와 삶은 달걀. 그것은 낯선 집으로 향하는 길 위의 마지막 다정함이었다. 하지만 나는 그 맛에 새 원피스를 적실 만큼 토하고 말았다. 입이 아니라 가슴이 먼저 그 이별을 거부했다. 그건 작별의 맛이었다. 사랑을 남기고 떠나는 아픔의 모양이었다.

  스무 살이 넘도록 우유와 달걀 냄새는 내 속을 뒤틀리게 했다. 그 냄새는 아버지의 떨리는 품과 함께 내가 다시는 붙들지 못할 온기를 떠올리게 했다. 그때부터 내 삶에 침묵의 짐이 쌓이기 시작했다. 보내는 아버지의 마음은 얼마나 아팠을까. 늦게 얻은 소중한 딸을 품에서 떼어내야 했던 그 순간, 아버지의 가슴은 찢기듯 무너졌을 것이다. 그건 단순히 손을 놓는 일이 아니라 가슴 깊은 곳을 도려내는 고통이었다. 아버지는 나를 보내신 게 아니라 마음 한쪽을 세상에 내어주신 것이었다. 그 순간 아버지의 눈물은 내 안에서 영원히 멈추지 않는 메아리가 되었다.

  그 시절 아버지는 작은 가방에 꼼꼼히 접은 편지와 소소한 물건들을 챙겨주곤 하셨다. '감기에 걸리면 이걸 먹어, 아플 때 이걸 발라.' 그 짧은 문장마다 보고 싶고 사랑한다는 마음이 담겨 있었다. 나는 그 편지를 보며 울지 않았다. 대신 가슴 깊이 고이 접어 부적처럼 품었다. 외로운 밤 손끝으로 그 종이를 어루만지면 조용한 위로가 스며들었다. 차가운 방 안에서 그 편지는 나를 감싸는 유일한 온기였다. 세월이 흘러 어른이 되어서도 아버지는 늘 짧은 글을 남기셨다. 생신상을 차리고 엄마 제사를 준비하던 날이면 어김없이.

'네가 내 딸이라서 참 고맙다. 아빠 인생에 찾아온 가장 따뜻한 선물이란다.'

몇 마디 안 되는 말이었지만 그 안에는 세상 모든 애정이 담겨 있었다. 헛헛한 하루 끝에 그 글을 읽으면 아버지가 곁에서 등을 토닥이는 듯했다. 인생의 고비를 지날 때마다 아버지는 또 다른 편지를 남기셨다.

'말없이 견디며 자라 준 너에게, 고맙다는 말로는 다 못 담겠구나.'

그 문장은 나를 다그치지 않고 조용히 다독여주었다. 내가 지나온 날들을 품으며 여기까지 온 것만으로 충분하다고 속삭이는 듯했다. 하지만 그 위로를 받아들이는 것조차 어린 내게는 버거운 일이었다. 사랑받는다는 느낌은 낯설었고 그 온기를 온전히 품기에는 내 마음이 너무 작았다.

아버지와 떨어져 살며 나는 자꾸만 움츠러들었다. 잘못한 게 없어도 미안했고 작은 소리에도 눈치를 보며 사과의 눈빛을 보냈다. 나는 너무 일찍 부담이라는 단어를 배웠다. 어른들의 한숨 속에서 내가 그들에게 짐이라는 걸 알아차렸다. 아무리 조용히 웅크리고 있어도 나는 여전히 버거운 존재였다. 그 사실은 가슴을 조이는 듯 아팠다. 나는 점점 투명해지려 애썼다. 그림자조차 남기지 않으려던 아이였다. 친척 집을 떠돌며 임시라는 단어의 쓰라림을 몸으로 익혔다. 민들레 홀씨처럼 바람 부는 대로 흘러가야 했다.

그 시절 나는 누군가의 곁에 뿌리내리고 싶었다. 하지만 어디에서도 오래 머물지 못했다. 사랑은 늘 멀리 있었고 나는 그 빈 자리를 고독으로 채웠다. 아버지와 나 사이에는 말로 다할 수 없는 안타까움이 흘렀다. 내가 태어난 순간 우리는 서로에게 가장 소중하면서도 가장 아픈 존재가 되었다. 하지만 나는 원망하지 않는다. 그 아픔 속에도 서툰 사랑과 진심이 있었다. 말하지 않았을 뿐 정말 괜찮았던 적은 없었다. 그저 묵묵히 견뎠을 뿐이다. 마음이 가벼웠던 날은 단 하루도 없었다. 불안이 가슴을 조이며 스며들었고, 고요한 침묵이 나를 짓눌렀다. 눈에 보이지 않는 짐이 있다. 혼자 감당해야 했던 삶의 고통과 누구에게도 털어놓지 못한 상처가 내 어깨를 짓눌렀다. 사람들은 나를 밝고 싹싹한 사람으로 기억했다. 하지만 그 표면 아래에는 상처와 외로움이 켜켜이 쌓여 있었다.

나는 늘 아무 일 없는 얼굴로 살았다. 힘들다고 말하지 않고 웃으며 다가섰다. 하지만 그 웃음은 가슴을 찌르는 가시처럼 아팠다. 그 웃음은 낡은 담요처럼 슬픔을 덮었지만 따뜻하지는 않았다. 그저 감정을 감추기 위한 보호색이었다. 마음 깊은 곳에는 보여주지 못한 고독이 살았다. 삼켜버린 아픔과 숨 쉬는 것도 버거운 날들이 있었다. 가슴이 답답해 숨이 막힐 때 나는 홀로 방 안에 웅크려 눈물을 삼켰다. 그런 날들을 보내며 우연히 만난 한 문장이 있었다.

엘리자베스 퀴블러 로스는 말했다. "나는 괜찮다고 말하며 수없이 넘어졌지만, 그걸 본 사람은 아무도 없었다. 왜냐하면 나는 넘어지기 전에 늘 미소를 지었기 때문이다." 이 말을 읽었을 때 가슴이 무너지듯 울컥했다.

눈물이 목까지 차올랐지만, 나는 습관처럼 다시 웃음을 지었다. 나는 정말 수없이 넘어졌다. 하지만 사람들은 나를 '늘 밝은 사람'이라 불렀다. 나는 그 말에 어깨를 펴고 웃었지만, 속으로는 속삭였다. 나는 매일 무너졌어. 다만 아무도 몰랐을 뿐이야. 내가 보여준 모습은 전부가 아니었다. 웃음 뒤에는 자책과 두려움이 그림자처럼 따라다녔다. 그림자는 빛이 있어야 생기지만 어떤 시절의 나는 빛조차 없이 어둠에 익숙해졌다. 나는 그 어둠이 나라고 착각하며 감정을 접었다. 하지만 이제는 안다. 내가 얼마나 지쳐 있었는지, 그 깊은 상처를 감추기 위해 얼마나 애썼는지를. 그 외로움을 품고 견뎌낸 날들은 절대 헛되지 않았다.

　나는 혼자 모든 짐을 짊어질 필요가 없다는 걸 깨달았다. 누군가의 곁에 기대도 괜찮다. 그건 약함이 아니라 사람이 사람으로 살아가는 자연스러운 모습이다. 견디는 삶에도 쉼표는 필요하다. 나는 더 이상 내 상처를 부끄러워하지 않으려 한다. 그 아픔은 내가 살아낸 날들의 증거다. 나는 무너져본 만큼 단단해졌다. 이제는 슬픔도 두려움도 나라는 사람의 고유한 무늬임을 받아들인다. 슬플 때는 울어도 되고 무서울 때는 두려움을 말해도 된다. 아픔을 나누는 법과 나를 돌보는 법을 나는 천천히 배우고 있다.

　언젠가 누군가가 내게 이제는 숨 쉬는 게 덜 아프니? 라고 묻는다면 이렇게 말하고 싶다. 한때는 정말 많이 힘들었어. 하지만 이제는 그 아픔을 품은 채로도 살아갈 수 있게 되었어. 조금은 나를 이해하고 나를 다정히 안아주게 되었거든. 나는 완전하지 않지만 나를 어루만지며 내 편이 되어주려 애쓴다. 오늘도 나는 그 기억들과 조용히 함께 걷는다. 오랜 시간이 흘러 깨달은 것이 있다. 나는 어쩌면 태어난 순간부터 보이지 않는 짐을 지고 왔는지도 모른다는 것을. 그 생각만으로도 가슴 깊숙한 곳이 짓눌리고 숨을 쉴 때마다 묵직함이 따라왔다. 하지만 시간이 흘러 깨달았다. 그 어둠 속에서도 나는 충분히 빛날 수 있다는 것을. 마치 갯벌 한복판에 숨어 있는 진주처럼 말이다. 검은 진흙과 거센 파도가 조개껍질을 두드리고 또 두드려야 그 속에서 비로소 더욱 단단하고 찬란한 진주가 태어나는 것처럼. 나의 어린 시절이 바다를 만났기에, 그 모든 파도와 폭풍을 견뎌낸 지금의 나는 어쩌면 진주처럼 고요하게 빛나고 있는 것일지도 모른다.

만약 지금, 이 순간이 태풍처럼 격렬하고 힘겹다면 그것은 더 밝게 빛나기 위한 과정일 것이다. 신이 우리에게 가장 소중한 선물을 줄 때는 언제나 과정이라는 포장지에 싸서 건넨다고 했다. 그 포장지가 크고 두꺼울수록 그 안에 담긴 선물은 더욱 값지고 아름다운 것이라고. 그러니 지금의 이 아픔도, 이 고독도 모두 나를 더 사랑스럽게 만들어가는 시간인 것이다. 갯벌 속 진주가 그랬듯이 나 역시 이 모든 것들을 견뎌내며 조금씩 더 단단해지고 있다. 그 어린아이에게 이제야 말해주고 싶다. 넌 충분히 잘했어. 그저 최선을 다했을 뿐이야. 사랑받고 싶었던 마음도, 외로웠던 시간들도 모두 괜찮아. 이제는 그 무거웠던 기억들을 천천히 내려놓아도 돼.

 이 글을 읽는 당신의 마음에도 말하지 못한 아픔이 있을 것이다. 그 아픔이 불쑥 무거워지는 날이면 이렇게 말해주기를.

 "그때는 너무 아파서 너를 감출 수밖에 없었구나. 이제야 너를 꺼내 안아줄게."

 늦었을지라도 그 상처를 어루만지려는 마음 자체가 가장 따뜻한 용기가 될 것이다.

 당신도 그리고 나도 그렇게 하루하루를 살아내고 있다.

5장

텅 빈 구멍을 채우고 싶었던 마음

✦
✦
✦

"마음을 다독이며 버텼지만, 고요한 밤은 늘 내 안의 허전함을 건드렸다."

　사람은 누구나 가슴 한편에 간절한 소원을 품고 산다. 스물여섯, 아버지가 세상을 떠난 후, 내 마음은 단 한 사람을 애타게 그리워했다. 실수해도, 길을 잃어도, 너 그럴 만했어. 괜찮다, 다 잘될 거야. 라며 따스한 품으로 안아줄 사람, 묻지도 따지지도 않고 내 존재 자체로 곁에 머물러줄 누군가를. 그 한 사람만 있다면 내 가슴 텅 빈 구멍이 따뜻한 숨결로 채워질 것만 같았다. 하지만 그런 사람은 내 곁에 머물지 않았다. 어쩌면 처음부터 없었는지도 모른다.

'내 편은 없구나. 결국 나 혼자야.' 그 깨달음은 가슴을 쥐어짜며 차가운 안개처럼 내 안을 휘감았다. 밤마다 그 안개는 더욱 짙어져 갔다. 나는 홀로 그 속에서 숨을 삼키며 몸을 웅크렸다. 가슴은 먹먹했다. 숨은 목구멍에 걸려 나오지 않았다. 고요한 침묵 속에서 내 마음은 조용히 떨고 있었다.

어린 시절 아버지와 떨어져 사는 동안 나는 사랑받고 싶다는 마음을 입 밖으로 내지 못했다. 누군가의 품에 안겨도 되는지, 그곳에 오래 머물러도 되는지 늘 조심스럽고 불안했다. 그 불안은 내 마음에 뿌리를 내리지 못한 채 외로움으로 자라났다. 어른이 되어서도 그 외로움은 그림자처럼 나를 따라다녔다. 시간이 지나면 나아질 거야. 나는 그 말로 가슴을 다독였다. 하지만 그 위로는 따뜻하지 않았다. 얼음처럼 차가운 손끝으로 어깨를 두드리는 듯 날카로웠다. 그 말은 내 안에서 메아리쳤다. 고독을 짙은 물감처럼 번지게 했다.

스무 살을 갓 넘겨 일을 시작한 백화점에서 이십여 년의 세월을 걸어왔다. 직원으로, 매니저로, 늘 환한 얼굴로 고객을 맞이했다. 동료와 본사 직원들 사이에서 균형을 잡으려 애썼다. 사람들의 말과 표정을 마주하며 하루하루 견디는 법을 배웠다. 하지만 그 웃음은 가슴을 찌르는 칼날 같았다. 눈부신 얼굴 뒤로 고요한 아픔이 배어 나왔다. 웃을 때마다 가슴 깊은 곳에서 무언가 갈라지는 소리가 들렸다. 그 소리는 아무도 듣지 못했다. 하지만 내 안에서 고요히 울리며 마음을 할퀴었다.

어려서부터 나는 잘 살아야 한다. 라고 다짐했다. 성공하면 누군가의 곁에 당당히 설 수 있을 거라 믿었다. 그래서 서른네 살, 마침내 최고 매장 일등 매니저 자리에 올랐다. 누구보다 높은 실적, 누구보다 빠른 승진, 누구보다 단단해 보이는 겉모습. 하지만 그 자리는 얼음처럼 차갑고 고독으로 텅 비어 있었다. 질투와 시기, 말 없는 비난, 끝없는 오해가 나를 둘러쌌다. 그 시선들은 내 가슴을 옥죄었다. 숨을 얕게 만들었다. 나는 나 자신에게 속삭였다. 조금만 참자. 곧 지나갈 거야. 그 말만 되뇌며 마음을 붙들었다.

하지만 그 말들은 돌멩이처럼 내 가슴 위에 차곡차곡 쌓여만 갔다. 입을 다물수록 상처는 더 깊어졌다. 날카로운 말들이 내 마음을 할퀴었다. 말없이 견디는 사람에게 세상은 더욱 잔인했다. 가슴 깊은 곳에서 조용한 울음이 새어 나왔다. 하지만 나는 입술을 굳게 다물었다. 그 울음은 내 안에서만 맴돌며 오래된 상처를 애틋하게 두드렸다. 최고 자리를 지키는 일은 그곳에 오르는 것보다 훨씬 더 아팠다. 고객 민원, 본사 압박, 동료 한마디까지, 모든 것이 나를 흔들었다. 밤이면 하루를 곱씹었다. 누가 무슨 말을 했는지, 그 표정은 무엇을 숨겼는지, 내가 한 말이 혹시 누군가를 아프게 했는지. 잠 못 이루며 되뇌던 그 생각들은 가슴 깊이 쌓였다. 나도 누군가를 좋아한다. 하지만 때로는 이유 없이 거리를 두고 싶을 때도 있다. 그러니 누군가는 나를 좋아하지 않을 수도 있다.

이제는 담담히 받아들이려 한다. 그들 말에 너무 신경 쓰지 말자. 나도 누군가를 좋아하지 않는 것처럼, 누군가는 나를 좋아하지 않을 수 있어. 그렇게 되뇌었다. 머리로는 알았다. 하지만 가슴은 여전히 흔들렸다. 괜찮다고 애써 말해도 그 말들은 내 마음에 유리 파편처럼 박혔다. 작고 여렸던 그 시절, 누군가 내게 달콤한 말도, 쓰디쓴 말도 따뜻한 품으로 건네주었다면 나는 이렇게 쉽게 무너지지 않았을 것이다. 감정이 요동칠 때마다 중심을 잃고 휘청이는 나. 조금만 부딪혀도 금이 가는 유리 같은 마음. 언제 깨질지 몰라 조심조심 살아가는 내 모습이 서글펐다.

때로는 나 자신을 미워했다. 그 서글픔은 사랑받고 싶었던 어린 내 마음의 울음이었다. 그 울음은 내 안 깊은 곳에서 여전히 조용히 떨리고 있었다. 누군가 나에 대해 말할 때 그 말이 따스한 날도 있다. 하지만 차가운 날도 어김없이 찾아온다. 하지만 그 말들도 시간이 지나면, 내 마음이 준비되면 나를 조금씩 단단하게 만들어줄 것이다. 그런데도 나는 따뜻한 말에 기대고 싶다. 혼을 내는 말이나 억지로 화를 감춘 훈계보다, 넌 그럴 수도 있지. 라며 등을 토닥이는 한마디가 더 오래 가슴에 남는다. 아직 나는 단단하지 않아서 다정한 말에 한참을 머문다. 눈물이 차오른다. 그 눈물은 부끄럽지 않다. 그것은 내 마음이 아직 살아 있음을, 여전히 사랑을 갈구하고 있음을 알려주는 증거다. 한강이 보이는 길을 따라 출근하던 어느 아침, 문득 고개를 들었다. '언제 개나리가 피었지? 나는 왜 이렇게 앞만 보고 살고 있지?'라는 생각에 잠긴 순간 차는 차선을 살짝 이탈했다. 그제야 나는 내 가슴이 얼마나 지쳐 있었는지 깨달았다. 가슴은 텅 빈 듯 무겁게 저렸다. 숨이 얕아졌다. 눈앞이 흐릿해졌다.

눈물이 뺨을 타고 흘렀지만, 나는 그것을 닦지 않았다. 그 눈물은 내 안의 무언가가 아직 살아 있음을 속삭이고 있었다. 그날 이후 출근은 하루를 집어삼키는 괴로운 일이 되었다.

눈물은 이유 없이 흘렀다. 가슴은 이름 없는 아픔으로 서서히 파고들었다. 숨이 흐트러졌다.

나는 내가 무너지고 있음을 알아차렸다. 가슴 깊은 곳에서 무언가 서서히 갈라지는 소리가 들렸다. 그 무렵 나는 무너지는 연습을 하고 있었다. 더 이상 안간힘으로 버틸 수 없음을 몸이 먼저 알았다. 그러다 문득 생각이 들었다. '이러다 정말 죽을지도 모르겠다.' 그래서 죽기 전에 내가 정말 하고 싶었던 것을 떠올렸다. 그것은 걷는 일이었다. 휴일이면 혼자 지리산 종주를 했다. 가까운 산을 오르며 묵묵히 나를 다독였다. 그 길 위에서 나는 잠시나마 가슴 무게를 내려놓을 수 있었다. 발걸음마다 외로움이 한 조각씩 흩어지는 듯했다. 바람이 내 뺨을 스치며 조용히 위로를 속삭였다.

마흔 살, 우연히 알게 된 제주 올레길. 그 길을 걷고 싶다는 꿈이 생겼다. 마흔네 살 봄, 나는 사표를 내고 일주일 만에 파리행 비행기에 올랐다. 산티아고 순례길. 그 길 위에서 나는 마침내 나를 다시 만났다. 팔백 킬로미터, 42일간 걷는 여정은 내게 새로운 숨을 불어넣었다. 생각을 내려놓고 몸을 느끼며, 있는 그대로 나를 끌어안는 시간이었다. 발걸음마다 가슴에 쌓인 무게가 녹아내렸다. 바람이 내 눈물을 닦아주었다. 햇살이 내 어깨를 다정히 어루만졌다. 내 생일날, 나는 그 길을 완주했다. 3년 후, 그 이야기를 책으로 남겼다. 죽기 전에 단 한 권 책이라도 쓰겠다는 마음이 내 꿈이 되었다. 글을 쓰는 삶이 내가 진짜 사랑하는 삶이 되었다.

하루가 끝나고 문을 닫고 들어선 방에서 나는 깊은숨을 쉰다. 사람들 앞에서는 아무렇지 않은 척 웃는다. 단정한 말투로 안부를 묻는다. 하지만 불이 꺼진 방, 고요한 어둠 속에서 나는 말없이 무너진다. 그 순간 억눌렸던 감정들이 꿈틀거리며 나를 감싼다. 피곤함, 외로움, 슬픔이 조심스레 고개를 든다. 참으며 버텨낸 삶은 무거운 돌멩이를 가슴에 얹고 끝없는 언덕을 오르는 것 같다. 겉으로는 멀쩡하다. 그 무거운 돌멩이는 마음 깊이 내려앉아 나를 갈라놓는다. 그 무너짐은 요란하지 않다. 격한 울음도, 세찬 바람도 없다. 잔잔한 파도가 바위를 깎아내듯 서서히 나를 허물어간다. 그래서 더 아프다. 사람들 틈에서도 나는 고립되어 있다. 내 안의 문을 스스로 걸어 잠근다. 사랑하는 이들도 그 문턱을 넘지 못한다. 내가 숨긴 것은 슬픔이 아니다. 그것은 두려움이다. 말해도 달라지지 않을 거라는 체념, 마음을 열었다가 더 깊은 상처를 입을까 하는 무서움이다.

"당신은 무너지지 않으려 안간힘을 쓰다 결국 무너졌고, 그러나 그 무너진 자리에서도 조용히 다시 일어났다. 아무도 몰랐던 당신의 고요한 용기, 그것이 바로 살아낸 시간의 진짜 얼굴이다." 브레네 브라운의 이 문장을 마주했을 때 나는 조용히 눈을 감았다.

무너졌던 시간이 눈앞에 스쳤다. 그 속에서 꿋꿋이 견뎌낸 내 모습이 그제야 따스한 빛으로 보였다. 눈물이 뺨을 타고 흘렀다. 그 눈물은 따뜻했다. 하루하루가 쌓여 내 마음을 웅크리게 한다. 숨 쉬는 일조차 버거운 날들이 온다. 밤이면 불안이 나를 덮친다. 아무도 없는 방에서 나는 이불 속에 얼굴을 묻고 조용히 운다. 눈물은 말하지 못한 사랑, 삼킨 외로움, 그리고 어린 날 그리움이 흘러내린 흔적이다. 아무도 몰랐던 나의 무너짐. 그것을 안아줄 누군가를 간절히 원한다. 하지만 털어놓을 용기가 없다. 나는 오히려 더 환히 웃는다. 별일 없다는 인사로 가슴을 감춘다. 하지만 그날들은 차곡차곡 쌓여 내 안을 짓누른다. 그 조각난 마음속에서도 나는 쉽게 무너지지 않는다. 비틀거리며 다시 일어선다.

어느 날, 내 안에서 낮은 목소리가 들린다. '오늘도 잘 살아냈어. 정말 애썼어.' 그 말은 때로 무겁게 다가온다. 하지만 나는 그 말에 기대어 고개를 든다. 또다시 하루를 시작한다. 숨기고 감추며 살아낸 날들이 지금의 나를 만든다. 무너짐과 버팀 사이에서 나는 묵묵히 내 삶을 지켜낸다. 이제는 그 무게를 하나씩 내려놓고 싶다. 강한 척하지 않는 용기를 내고 싶다. 내가 오래 감춰온 두려움, 상처, 외로움을 이제는 천천히 꺼내 마주하고 싶다. 여전히 흔들린다. 하지만 나는 이 무게를 안고도 살아갈 힘을 찾고 있다. 내가 흘린 눈물, 견뎌낸 고통, 숨겨온 상처까지 모두 나라는 존재의 일부다.

이제는 그것을 부끄러워하지 않으려 한다. 바람 앞의 등불처럼 위태로운 나날들 속에서도 나는 꺼지지 않는다. 흔들리지만 사라지지 않는다. 그 불빛처럼 나는 내 안에서 작게, 그러나 분명히 타오르고 있다. 오늘 나는 나 자신에게 조심스럽게 속삭인다. 오늘 하루도 잘 이겨냈어. 정말 수고했어, 나. 그리고, 참 고맙다. 그러니 지금 당신이 견디고 있다면, 참지 않아도 괜찮다. 무너져도 괜찮다. 그 무너짐 속에서 당신은 새로 태어날 수 있다. 조금씩, 아주 천천히 나를 안아주는 연습을 시작해 보자. 그것은 살아남는 길이 아니라 진짜 살아내는 길이다.

당신 마음에도 말하지 못한 무게가 있다. 그 무게가 무거워지거든 이렇게 말해주기를. 그땐 너무 힘들어서 숨을 수밖에 없었구나. 이제야 너를 꺼내 안아줄게. 조금 늦었지만, 그 무게를 내려놓으려는 당신은 가장 따뜻한 용기를 낼 수 있게 된 것이다. 당신도, 그리고 나도, 그렇게 살아내고 있다.

비가 오면 조금 맞으면 어때. 옷이 젖으면 말리면 된다. 마음이 젖으면 조용히 따뜻한 햇살에 내어주면 그만이다. 걷다가 넘어져 무릎이 까졌다고 해서 그것이 그렇게 큰일일까. 약을 바르면 낫는다. 흉터 하나쯤은 살아온 흔적처럼 남는 법이다. 비도 맞아봐야 우산을 챙기게 된다. 넘어져 본 사람만이 조심히 걷는 법을 배운다. 그 모든 실수와 흔들림마저 다 내 인생이고 내 이야기다. 그런데 사람들은 말한다. 성공했네, 실패했네. 두 개 단어로 사람을 나눈다. 판단하고, 값을 매기려 든다. 하지만 나는 안다. 인생은 성공과 실패로 나뉘는 것이 아니라 성공과 그 성공으로 가는 과정만이 존재한다는 것을. 실패라는 단어는 어쩌면 누군가가 만들어낸 가장 차가운 말일지도 모른다. 그 말에 눌려 우리는 스스로 자꾸 깎아내린다. 자신의 걸음을 부끄러워한다. 하지만 나는 넘어진 그 자리에서 다시 일어난 나를 사랑하고 싶다. 흙 묻은 무릎을 털고 조심스럽게 다시 길을 나서는 나를 안아주고 싶다. 흠뻑 젖어야 햇살이 반가운 법이다. 많이 흔들려봐야 중심을 알게 되는 것이다. 그러니 괜찮다. 당신이 지금 어떤 길 위에 있든, 그 모든 시간은 실패가 아닌 당신만의 단단해지는 과정일 뿐이다.

나는 그냥 잘 살아보려고 했을 뿐이에요

6장
혼자라는 단어가 내 안에 남긴 친구

✦
✦
✦

"혼자인 게 외로운 게 아니라, 내 마음을 나눌 사람이 없다는 게 더 외로웠다."

어릴 적부터 혼자였다. 혼자라는 감정이 뼈저리게 스며든 것은 중학교 시절 자취방에서였다.

방 안은 고요했다. 누군가의 말소리도 없었다. 밥 짓는 따뜻한 냄새도 없었다. 문 여닫는 소리조차 없는 적막한 공간이었다. 작은 형광등 불빛 아래서 나는 조용히 혼자 밥을 먹고, 혼자 숙제를 하고, 끝내 혼자 이불 속에 몸을 오그려 잠이 들었다. 식은 밥 한 공기와 김치 몇 조각을 씹을수록 밥맛은 사라졌다. 외로움의 쓸

쓸한 맛만 입안에 퍼졌다. 그 순간들은 단순한 끼니가 아니었다. 가슴을 조용히 짓누르는 감정의 무게였다. 아무도 함께해주지 않는 밥상. 따뜻한 말 한마디 없이 흘러가는 저녁. 그건 고독이 아니었다. 나는 혼자라는 깊고 아린 깨달음이었다. 불을 끄는 것이 두려웠다. 형광등 불빛 아래 멍하니 앉아 있던 밤들이 많았다. 어둠 속에서 혼자라는 사실이 더 날카롭게 다가올까 두려웠다.

그러다 책 한 귀퉁이를 바라보다가 참았던 눈물이 뺨을 타고 흘러내렸다. 그 눈물은 말 대신 흘러나온 내 마음의 속삭임이었다. 나는 그제야 혼자라는 감정과 조용히 마주 앉았다. 그 감정은 차갑고도 묵직하게 내 가슴을 두드렸다. 마치 가을바람에 떨리는 얇은 잎사귀처럼 내 마음도 위태로우면서도 아름답게 흔들렸다. 그 순간 나는 그 감정을 밀어내지 않고 가만히 응시했다. 눈물을 닦지 않고 그저 흘러가는 대로 내버려두었다. 그 눈물은 내 안의 어린아이가 사랑받고 싶어 애타게 내민 손이었다. 나는 그 작고 떨리는 손을 다정히 잡아주고 싶었다. 마음을 고요히 열고 그 순수한 감정을 있는 그대로 품어 안았다. 이렇게 마음 챙김의 여정이 시작되었다. 매일 아침 나는 조용히 앉아 내 숨소리에 온전히 귀 기울였다. 눈을 감고 가슴이 오르내리는 고요한 리듬을 느꼈다. 혼자라는 감정이 떠오를 때 나는 그 감정에 이름을 붙이려 애쓰지 않고 그저 지금, 이 순간에 온전히 머물렀다. 그 감정은 나를 해치려는 적이 아니라 나를 더 깊이 알아가도록 이끄는 소중한 길잡이였다.

명절이면 세상에서 가장 혼자인 사람이 나인 것만 같았다. 집마다 피어오르는 부침개의 고소한 냄새가 어두운 자취방 문틈으로 스며들었다. 가슴 깊은 곳에서 이름 모를 허기가 밀려왔다. 배고픈 것보다 더 깊은, 혼자라는 존재의 허기였다. 골목길에는 새 옷 입고 세배를 다니는 아이들의 맑은 웃음소리가 메아리쳤다. 어린이날 가족과 손잡고 대공원으로 놀러 가는 풍경은 눈부신 꿈처럼 아득히 멀었다. 크리스마스에는 산타가 정말 존재한다면 내게도 한 번쯤은 선물을 가져다주지 않을까 하는 아련한 상상을 하며 잠들곤 했다. 생일 케이크 위에 촛불을 꽂고 손뼉을 치며 축하받는 장면은 어릴 적 내게 늘 꿈처럼 멀고도 아련한 풍경이었다. 남들에게는 당연한 하루가 내게는 너무도 낯설고 그리운 그림이었다.

그 장면들은 내 가슴에 조용히 스며들어 사랑받고 싶었던 어린 내 마음을 더욱 아프게 두드렸다. 그때부터였다. 혼자라는 감정이 단순한 외로움을 넘어서 존재 자체의 무게처럼 가슴 깊이 내려앉기 시작한 것은. 그 무게는 어린 내가 사랑받고 싶어 내민 작은 손을 감싸며 내 안의 비어 있는 공간을 고요히 채워갔다. 이제 나는 그 감정을 판단하지 않고 다정히 바라본다. 혼자라는 감정이 찾아올 때 나는 숨을 고르고 그 순간에 온전히 머문다. 작은 노트를 꺼내 내 마음을 적는다.

오늘 내 가슴은 어떤 색일까? 지금 내 마음은 어떤 향기로 나를 감싸고 있을까?

그렇게 적으며 나는 내 감정을 있는 그대로 느낀다.

그 시절이 있었기에 나는 혼자라는 시간을 다르게 살아낸다. 명절이면 여행을 떠난다. 긴 여정이 아니더라도 나를 위한 작은 계획 하나가 그날을 쓸쓸함으로 물들이지 않게 한다. 발걸음마다 바람이 내 뺨을 어루만지고 햇살이 내 어깨를 따스하게 감싼다. 생일이 다가오면 나는 몇 달 전부터 조용히 나에게 줄 선물을 준비해 둔다. 누구를 위한 것도 아닌, 오직 나를 위한 작은 다정함처럼. 마흔네 살에는 열심히 살아온 나에게 파리에서 명품 시계를 선물했다. 마흔여섯 살에는 책을 완성한 나에게 내 이름을 새긴 만년필을 건넸다. 쉰 살에는 내 탄생석이 박힌 반지를 내 손에 정성스럽게 끼워주었다. 혼자 콘서트를 예매하고 식당에 예약을 넣어 나를 위한 조용한 자리를 만든다.

  누군가가 챙겨주지 않아도 서운하지 않다. 내가 챙기고 내가 축하하니까. 기대가 없으니, 실망도 없다. 스스로 준비한 설렘이 슬픔을 대신해 준다. 내 가슴은 이제 내가 다독이는 따뜻한 손길로 채워진다. 여행을 떠나지 못하는 해에는 매일 만 보씩 걷는다. 걸으면서 나는 내 마음을 들여다본다. 발걸음마다 내 숨소리가 들린다. 바람이 내 생각을 부드럽게 정리해 준다. 걸음 하나하나에 집중한다. 내 호흡을 느끼며 내 마음이 지금 어떤 모습인지 가만히 바라본다.

  혼자인 시간에 몸을 움직이다 보면 텅 빈 마음도 함께 걸어주는 친구처럼 따뜻해진다. 걷다 보면 혼자라는 사실이 외로움이 아니라 여유처럼 느껴진다. 나만의 호흡, 나만의 리듬 속에 고요한 평온이 깃든다. 그 순간 세상은 잠시 멀어진다. 내 마음은 내 곁에 다정히 머문다.

  혼자라는 감정은 외로움과는 다르다. 외로움은 누군가를 그리워하는 데서 시작되지만, 혼자라는 감정은 그 누군가조차 내 안에 없다는 깊은 허전함에서 비롯된다. 사람들 틈에서 웃고 밝은 조명 아래 서 있어도 문득 고개를 드는 그 감정은 조용히 내 안을 휘감는다. 아무에게도 털어놓을 수 없는 쓸쓸함, 나조차 명확히 설명할 수 없는 깊은 허무함이다. 그 감정은 마치 겨울바람이 나뭇잎을 스치듯 차갑지만 어딘지 부드럽게 내 가슴을 어루만진다.

그럴 때면 나는 모든 것을 멈춰 세운다. 조용한 방에 앉아 작은 촛불 하나를 켜고 그 따스한 불빛을 가만히 바라본다. 왜 이렇게 허전하지? 무엇이 이렇게 텅 비어 있는 걸까? 스스로 답할 수 없는 질문들을 안고 마음속을 헤매다 지쳐 잠들던 밤들이 있었다. 하지만 나는 그 감정을 밀어내지 않기로 했다. 판단하지 않고 도망치지 않고 그저 그 감정과 함께 머물기로 했다. 마음 챙김을 실천하며 나는 그 감정을 있는 그대로 바라보았다. 그 감정은 나를 아프게 하려는 것이 아니라 나를 더 깊이 이해하도록 이끄는 길잡이였다.

혼자라는 감정은 내게 많은 것을 가르쳐주었다. 내가 진짜 바라는 것이 무엇인지, 무엇에 흔들리고 무엇에 위로받는지 알게 해주었다. 바쁘게 살아가느라 잊었던 내 마음, 누군가를 위해 살아오느라 멀어진 나 자신을 나는 조용히 다시 데려오고 있다. 요즘 나는 혼자만의 시간 속에서 진정한 나와 마주하고 있다. 산책길에 핸드폰을 꺼 두고 내 발소리와 바람 소리만 듣는다. 그 느린 걸음 하나하나가 마음속 먼지를 털어내는 숨결이 된다. 내 마음이 어떤 온도로 흐르는지, 어떤 색으로 빛나는지, 어떤 향기로 나를 감싸는지 가만히 느낀다. 산을 오르는 날에는 땀이 흐르고 숨이 차오를수록 불안했던 마음도 함께 정리된다. 산은 아무 말도 하지 않지만, 그 침묵은 깊은 대화를 건네준다. 바람이 내 뺨을 스치고 나무 그림자가 내 발밑을 감쌀 때 나는 내 존재를 온전히 느낀다. 세상의 모든 소음이 사라지고 내 가슴 깊은 곳에서 울려 퍼지는 고요한 울림만이 남는다. 어느 날은 아무것도 하지 않은 채 멍하니 먼 산을 바라본다. 목적도 이유도 없이 그저 존재하는 시간이다. 따뜻한 차 한 잔을 손에 쥐고 그 온기를 느낀다. 하늘과 나무, 바람은 내게 속삭인다.

　지금처럼 그냥 있어도 돼. 아무것도 하지 않아도 괜찮고 그 자체로도 충분해. 혼자라는 공간 안에서 나는 조용히 나와 눈을 맞춘다. 그 눈빛은 어린 내가 그리워하던 따뜻한 품처럼 애틋하다. 그 시간이 쌓이며 혼자인 것이 더 이상 슬픔이나 고립이 아니게 되었다. 오히려 나를 가장 다정히 껴안을 수 있는 품이 되었다. 이제 혼자라는 시간은 내 삶의 소중한 안식처가 되었다. 그 안에서 나는 나를 더 깊이 들여다보고 나와 더 진한 이야기를 나눈다.

어린 시절 나는 누군가와 마음을 나누지 못해 외로웠다. 하지만 이제는 나 자신과 충분히 나눌 줄 안다. 누구보다 나를 먼저 돌보고 내 마음의 온도를 가장 먼저 알아차리는 사람이 되었다. 이제 내 곁에 가장 다정히 머물러주는 사람은 바로 나 자신이다. 혼자라는 감정도 더 이상 두렵지 않다. 혼자라는 이름 안에서 나는 더 단단해졌고 더 따뜻해졌다. 혼자라는 감정이 꼭 외롭거나 슬프기만 한 것은 아니다. 그 안에는 내가 나를 돌보는 시간이 있고, 비워진 공간을 천천히 채워가는 따뜻한 손길이 있다. 그 감정을 있는 그대로 받아들일 때 비로소 진짜 평온이 찾아온다.

"홀로 있을 때 우리는 가장 덜 외롭다. 그 순간 우리는 우리 자신과 진정한 친구가 된다."

라이너 마리아 릴케의 이 말처럼 나는 이제 조용히 나와 함께 걷는다. 누구에게도 설명할 수 없는 감정들을 내 안에서 다정히 안아주는 연습을 한다. 혼자 있는 시간은 나를 닫는 시간이 아니라 오히려 나를 여는 시간이었다. 사람에게서 멀어지는 것이 아니라 나에게 더 가까워지는 길이었다. 오늘도 나는 천천히 걷고 고요히 앉아 멀리 바라보며 조용히 나를 안는다. 이제 나는 혼자라는 이름을 두려워하지 않는다. 그 이름 아래에서 나는 더 단단해지고 더 따뜻해지고 있다. 당신도 혼자라는 감정이 무겁게 다가오거든 그 감정과 조용히 마주 앉아 보길 바란다. 작은 촛불을 켜고 숨을 고르며 그 감정을 있는 그대로 바라보길. 그 감정은 당신을 아프게 하려는 적이 아니라 당신을 더 깊이 알아가게 하는 친구가 될 것이다.

당신의 마음에도 말하지 못한 허전함이 있을 것이다. 그 허전함이 무거워지거든 이렇게 말해주길. 그때는 너무 힘들어서 숨을 수밖에 없었어. 이제야 너를 꺼내 안아줄게.

시간은 조금 지났을지도 모르지만, 그 복잡하고 미묘한 감정들을 포근히 품어 안으려 애쓰는 당신의 모습이 어쩌면 지금, 이 시간 속에서 피어나는 가장 따스한 용기의 다른 이름일지도 모른다. 당신도, 그리고 나도, 그렇게 고요한 숨결로 하루하루를 견뎌내고 있다. 누군가와 함께 있을 때조차 내 마음 한구석은 언제나 홀로 남겨져 있었다는 것을 나는 문득 깨달았다. 사람들 사이에서도, 웃음 속에서도 마음 깊은 곳의 나는 늘 혼자만의 시간을 살고 있었던 것 같다. 혼자라는 단어 앞에서 머뭇거린다. 때로는 쓸쓸함처럼 다가오고 때로는 온전한 자유처럼 느껴지는 이 복잡한 감정에 아직 적당한 이름을 찾아주지 못했다. 슬픔인지 해방인지, 외로움인지 평온인지, 그 경계를 나누기에는 너무도 미묘하고 깊다.

그럼에도 우리는 살아간다. 당신도 그리고 나도 각자의 속도로 각자의 방식으로 이 조용한 일상을 차곡차곡 쌓아가며 살아내고 있다. 어떤 날들은 그것만으로도 충분히 용감한 일이라고 나는 믿고 있다.

✦ 2부 ✦

무너지지 않기 위해 애썼던 날들

7장
달빛처럼 스며드는 자기 돌봄

✦
✦
✦

"내가 나를 돌보는 일은 먼 곳에 있는 것이 아니다.
지금, 이 순간, 내 가슴에 스며드는 달빛처럼,
내 감정을 있는 그대로 안아주는 데서 시작된다."

나에게는 엄마가 되어주신 외할머니가 계신다. 외할머니라는 말로는 그분을 다 담을 수 없다. 내게 그분은 가슴 깊이 뿌리내린 따뜻한 봄바람이었다. 어린 시절, 외할머니가 시골 친할머니 댁에 오시는 날이면 내 마음은 햇살처럼 환해졌다. 그리움이 자라 기다림이 되었고, 그 기다림은 어느새 북받치는 눈물로 흘러내렸다. 나는 외할머니의 고운 한복 치마 속에 얼굴을 파묻었다.

그 부드러운 살결이 닿는 순간 얼어붙었던 마음이 스르르 녹아내렸다. 한숨이 새어 나오면 그 품에 기대어 깊은 잠 속으로 빠져들었다.

외할머니의 손길은 언제나 온화했다. 큰소리도, 꾸짖음도 없이 그저 나를 있는 그대로 안아주셨다. 나는 외가에서 제일 먼저 태어난 손녀였다. 그것은 내 삶에 내려앉은 가장 애틋하고 소중한 선물이었다. 세상에 나온 지 얼마 되지 않은 작은 몸으로 누구보다 먼저 할머니의 품에 안겼고, 누구보다 먼저 내 이름이 사랑스럽게 불렸다. 온 가족의 기쁨과 축복이 나에게로 쏟아져 내렸다. 그 시작이 이토록 따뜻했기에, 나는 세상이 언제까지나 그렇게만 흘러가기를 바랐다.

외할머니는 거실에서 안방까지도 말소리가 거의 들리지 않을 만큼 언제나 낮고 차분하게 말씀하셨다. 그 목소리에는 단정하면서도 깊은 온기가 스며 있었다. 누군가를 가르치려 하거나 훈계하려 들지 않으셨고, 성급한 감정을 앞세워 누군가의 마음을 다치게 하는 일도 없으셨다. 그저 낮게, 깊게, 온화하게 품어주는 어른의 말씨였다. 그 품격은 어떤 말로도 다 설명할 수 없었다. 할머니의 존재 자체가 배려였고, 그 다정하고 낮은 음성 하나만으로도 사람들은 마음을 놓고 안정을 찾을 수 있었다.

할머니 곁에 있으면 세상의 모든 소란스러움이 잦아들고, 마음 깊은 곳에서부터 평온함이 밀려왔다. 외할머니는 온 가족의 든든한 중심이었고, 어린 나에게는 세상에서 가장 따뜻한 첫 번째 안식처였다. 지금도 해가 저물고 저녁이 찾아오면 그 그리운 음성이 문득 떠오른다. 나를 꾸짖지도 않고, 다그치지도 않으면서 그저 그래, 그래, 하며 부드럽게 안아주시던 그 넓은 품. 그것이 내가 이 세상에서 처음으로 알게 된 진짜 사랑의 모습이었다. 조건 없는 사랑, 판단 없는 수용, 그리고 말 없는 위로가 무엇인지 외할머니를 통해 배웠다. 그 사랑은 지금도 내 마음 한구석에 고요한 불씨로 남아 차가운 세상을 견디는 힘이 되어준다.

　외할아버지는 막내 이모가 겨우 두 살이었을 때 일찍 세상을 떠나셨다. 그리고 몇 해 뒤, 엄마마저 갑작스럽게 떠나셨다. 그때 외할머니의 가슴은 어땠을까. 남편을 보내고 딸까지 떠나보낸 그 마음은 감히 헤아릴 수조차 없다. 그 깊은 상실 속에서도 외할머니는 남겨진 다섯 자녀를 묵묵히 길러내셨다. 마음이 무너져 내리는 순간에도 손을 모으셨고, 너무 힘들어 다른 생각까지 떠올리셨다는 고백을 품으시며 오로지 자식들을 위해 단단한 어른이 되어주셨다.

외할머니가 엄마를 잃고 낯선 시골집에 맡겨진 나를 마주했을 때, 그 가슴은 얼마나 아팠을까. 살아 있는 자식들 앞에서도 눈물을 보일 틈 없었을 그분이, 엄마의 냄새를 그리워하며 울던 나를 품에 안고 얼마나 애틋하게 우셨을까. 그 품은 차가운 겨울 속에서 피어나는 봄꽃이었다. 내 가슴을 깊이 녹여주었다. 외할머니는 언제나 내 곁에 머물러 계셨다. 내가 자라 제주도로 이주하고, 멀리 떨어져 있어도 그분은 늘 나를 기다리셨다. 그 기다림은 부드럽고 변함없이 나를 감싸는 사랑이었다. 3년 전, 외할머니가 관절 수술을 받고 회복 중이던 어느 날이었다. 막내 이모는 하루도 빠짐없이 곁을 지키며 정성껏 보살피고 있었다. 그 모습은 자신이 어린 시절 받았던 돌봄을 이제는 되돌려주는 따스한 순환 같았다. 제주에 내려온 뒤, 감귤 당도 측정 작업으로 눈코 뜰 새 없이 바빴다. 그날 막내 이모에게서 걸려 온 전화는 평소와 달리 무겁고 조심스러웠다.

"할머니가 자꾸 너 언제 오냐고 물어보셔. 내가 미송이 감귤철이라 못 온다고 했더니…."

이모의 목소리가 잠시 멈췄다. 그리고 이어진 말.

"할머니가 그러시더라. 미송이는 나 죽으면 오려나."

그 말을 듣는 순간, 핸드폰을 든 손끝에서부터 가슴 깊숙한 곳까지, 마치 오래된 담장이 무너지듯 서서히 허물어지는 소리가 들렸다. 숨이 잠시 멎는 듯했고, 눈물이 아무 말도 없이 눈가를 타고 흘러내렸다. 그 한마디는 내 안의 모든 것을 멈추게 했다. 나는 바로 비행기에 몸을 실었다. 그토록 온화하고 신중한 분이 그런 말씀을 하셨다는 건, 이제 정말 마지막을 준비하고 계시다는 뜻이었다. 서울로 향하는 길 위에서 내 가슴은 찢어지듯 아려왔다. 왜 더 자주 찾아뵙지 못했을까. 왜 그 온화한 손을 더 오래 잡아드리지 못했을까. 늦은 후회들이 가슴을 파고들었다. 부서진 유리 조각처럼 날카롭지만 조용히. 그 순간 나는 나 자신에게 말했다.

괜찮아, 지금이라도 갈 수 있어. 네가 할머니를 사랑하듯 너 자신도 그렇게 사랑해 줘. 그 말은 내 안의 어린아이에게 건네는 처음 맞는 다정한 손길이었다. 부드러운 온기처럼 내 마음을 어루만졌다. 아직도 기억난다. 외할머니와 나눈 그 약속. 내가 물었다.

"할머니, 우리가 나중에 할머니 만나러 가려면 추운 겨울이 좋을까요, 꽃이 피는 오월이 좋을까요?" 외할머니는 눈을 감고 잠시 생각하시더니 나지막이 웃으며 말씀하셨다.

"오월이 좋지. 꽃이 피고 따뜻하잖아." 그러고는 창밖을 한참

바라보시더니 작은 숨처럼 덧붙이셨다. "큰딸 보고 싶다." 잠시 침묵이 흐른 뒤, 외할머니는 내 손을 꼭 잡으시며 조용히 말씀하셨다. "그래도 말이다… 너를 남기고 가서." 그 말 한마디에 내 가슴은 덜컥 내려앉았다. 가을 낙엽이 흩날리듯 조용히 흔들렸다. 그날 외할머니는 딸을 먼저 떠나보낸 엄마로서 오랜 그리움을 꺼내놓으신 것 같았다. 그 온화한 손등 위로 눈물이 스며들었다. 말하지 않아도 그 그리움의 무게는 내 가슴에 흘러들었다.

  작년 오월, 꽃잎이 햇살에 흩날리던 그 날, 증손녀인 내 딸의 결혼식을 끝까지 지켜보신 외할머니는 그 꽃들 사이로 고요히 떠나가셨다. 나이 아흔세 살, 가장 평온하고 아름다운 모습으로. 담담하고 다정한 이별이었다. 이별이 이렇게 포근할 수 있다면 그건 살아 있는 동안 충분히 사랑하며 살았기 때문이리라. 외할머니는 약속을 지키셨다. 자기 큰딸이 세상에 남긴 아이가 자라 또 다른 생명을 낳고, 그 생명이 어엿한 어른이 되어 누군가의 곁이 되는 순간까지 지켜보신 것이다. 엄마가 보지 못한 시간을 외할머니가 대신 살아내신 것일지도 모른다. 엄마 없이 자란 내 곁에서 나의 엄마가 되어주셨고, 내 아이에게는 또 한 사람의 할머니가 되어주셨다. 그 긴 시간을 사랑으로 채워오셨다.

  오월의 햇살 속 버진 로드를 따라 흩날리던 꽃잎들 사이로 나는 외할머니의 숨결을 느낄 수 있었다. 그분은 사랑하는 이들을 모두 보듬고 이제야 홀가분한 마음으로 떠나셨다. 그날 이후 오월이 오면 나는 피어나는 꽃들 속에서 외할머니를 만난다. 그분의 부드러웠던 손길, 말없이 나를 감싸던 눈빛, 그리고 나를 위해 끝까지 살아내셨던 마음이 내 삶의 가장 고요한 품이 되어 지금도 나를 안아준다. 명절이면 외가 식구들은 엄마 이야기가 나올 때마다 눈물을 흘리셨다. 내게는 가물가물한 기억조차도 그들에게는 여전히 선명한 아픔이었다. 그 눈물은 깊고 아리게 내 마음을 파고들었다.

그중에서도 막내 이모는 내게 언니이자 친구 같은 존재였다. 나와 여섯 살 차이. 지금도 통화 끝에 '사랑해'라고 말해주는 이모. 나는 이제야 그 사랑이 나를 지탱해 왔음을 안다. 오랫동안 나만 아픈 줄 알았다. 나만 외로운 줄 알았다. 하지만 시간이 흐르며 깨달았다. 자식 둘을 먼저 떠나보낸 외할머니의 마음은 내가 겪은 어떤 슬픔보다 더 깊고 무거웠으리라는 것을. 그리고 그 사랑이 나를 여기까지 이끌었다는 것을.

외할머니는 그 모든 아픔을 말없이 품으셨다. 어둠이 채 가시지 않은 새벽, 하얀 스웨터에 머플러를 둘러매고 작은 성경책을 손에 쥔 채 현관문을 나서시던 그 뒷모습이 아직도 눈에 선하다.

새벽기도를 하루도 빠짐없이 나서던 그 시간들, 그분은 삶의 고단함을 신께 내어드리며 긴 시간을 버티셨던 건 아닐까. 말없이 기도하던 그 새벽의 숨결 속에서 나는 처음으로 의지한다는 말의 뜻을 배웠다.

　살아간다는 건 말없이 누군가를 향해 마음을 내어드리는 일인지도 모른다. 아무도 모르게 눈물로 가슴을 달래시고 홀로 남겨진 삶을 묵묵히 붙들며 하루하루를 살아내셨다. 그 삶은, 말없이 내게 가르쳐주었다. 눈에 보이지 않는 사랑이 어떤 순간에도 사람을 지탱하는 힘이 된다는 것을. 내가 버티고 살아낸 날들 속에 외할머니의 그 사랑이 등불처럼 나를 비추고 있었다는 것을 이제야 깨닫는다. 세상이 버거워 숨이 차오를 때, 혼자라고 느껴져 주저앉고 싶을 때, 어딘가 모르게 다시 일어설 힘이 생겼던 건 그 사랑이 조용한 손길처럼 나를 감싸고 있었기 때문일 것이다.
　그 사랑은 소리 없이 내 곁을 지켰다. 삶이 흔들릴 때마다 나는 그 숨결을 기억하며 마음을 추스른다. '이제는 나도 나를 돌볼게요. 외할머니가 그토록 아끼던 그 마음을 내가 이어받아 스스로 다정히 안아줄게요.' 자기 연민은 내게 이렇게 속삭였다. 너는 충분히 애썼어. 이제는 너 자신에게도 그 고요한 손길을 건네줘.

나는 그 말을 가슴 깊이 새기며 아팠던 순간들을 떠올린다. 그리고 천천히 나 자신에게 말을 건다. 안심해, 그때는 최선을 다했잖아. 지금 이렇게 살아내는 너, 그 자체로 충분해.

　한참을 살아왔다. 누구보다 열심히, 누구보다 성실하게, 누구보다 더 잘 살아보려고 애쓰며. 늘 누군가를 먼저 챙기고 실망하게 하지 않으려 나를 뒤로 밀어두었다. 그게 당연한 줄 알았다. 어른이 된다는 건 남을 먼저 생각하는 것이고, 참는 것이 미덕이며, 견디는 것이 강함이라고 믿었다. 내 피로는 늘 마지막이었고 내 마음의 아픔은 그까짓 것이라며 덮어두었다. 그러다 어느 날, 거울 속 얼굴이 낯설었다. 눈빛은 가을 연못처럼 텅 비어 있었고, 입술은 바짝 말라 있었으며, 어깨는 아주 조금씩, 그러나 분명히 내려앉아 있었다. 그 순간 나는 나 자신에게 말했다. 나… 나한테 너무 미안해. 그 말은 내 안의 어린아이에게 건네는 첫 위로였다. 부드럽고 포근하게 내 가슴을 어루만졌다. 너는 혼자가 아니야. 세상엔 너처럼 아파하는 이들이 많아. 그 아픔은 너만의 것이 아니야. 자기 연민은 내게 고통이 나만의 것이 아님을 알려주었다. 외할머니의 깊은 상실, 막내 이모의 눈물, 그리고 내 허전함. 그 모든 아픔은 서로 이어져 있었다. 나는 그 사실을 깨닫고 내 마음을 더 부드럽게 바라보았다.

아침이면 나는 천천히 나를 깨운다. 창문 틈 사이로 스며드는 빛이 방안을 어루만지고, 그 온화한 기운 속에서 나도 조금씩 마음을 풀어낸다. 예전 같으면 바빠 하루를 시작하느라 이 평온을 지나쳤겠지만, 이제는 앉아서 나를 들여다보는 연습부터 시작한다. 누구의 말도 들리지 않는 순간, 나는 내 안의 작은 속삭임에 귀 기울인다. 이따금 외로움이 무겁게 다가와도 그 감정에 휘둘리지 않고 바라본다. 무엇이 나를 아프게 했는지, 어디가 아직 덜 아문 건지, 하루의 문을 열기 전 나는 나에게 묻는다. 너의 마음, 혹시 어디쯤 아프니? 그 질문 하나로 시작된 하루는 누구에게도 빼앗기지 않는 내 시간이 된다.

내가 나를 돌보는 방식은 이렇듯 작고 조용하다. 눈에 띄지 않지만 분명 존재하고, 느리지만 깊게 스며든다. 나는 오늘도 나를 지켜낸다. 바쁘게 나를 지나치지 않고, 내 감정을 밀어내지 않고, 그저 지금 여기에 머무르며 이만하면 괜찮다고, 이대로도 충분하다고 내 마음에 말을 건넨다. 왜 나는 다른 이들에게는 그렇게 온화하면서, 정작 나에게는 그토록 차가웠을까. 왜 누군가의 아픔엔 진심으로 마음 아파하면서, 내 고통은 하찮게 여겼을까. 왜 가장 먼저 안아야 할 존재가 나 자신이라는 걸, 이토록 늦게야 알게 되었을까.

이제는 천천히 배워간다. 내 감정에 이름을 붙이는 법을, 마음이 울릴 때 외면하지 않는 법을, 무너지지 않도록 나를 다정히 안아주는 법을. 아직은 서툴다. 자기 연민은 어색하고, 자주 놓치고, 종종 잊는다. 하지만 이제는 안다. 무너졌던 날들을 떠올리며 다짐한다. 다시는 나를 그토록 홀로 두지 말자.

브리아나 위스트는 말했다. "자신을 돌보는 것은 이기적인 일이 아니라 살아남기 위한 가장 용기 있는 선택이다." 그 말은 내 가슴에 깊이 스며들었다. 자기 연민은 이 삶을 포기하지 않겠다는 조용한 약속이다. 딸을 낳았을 때 엄마 대신 나를 돌봐주신 분도 외할머니였다. 밤새 젖몸살로 앓던 나를 조용히 쓰다듬으며 미역국을 끓이고 삼시 세끼를 차려주시던 그 손길은 말보다 깊은 사랑이었다.

딸아이의 첫돌이 다가오자 외할머니는 작은 손으로 정성껏 돌상을 차려주셨다. 내가 받은 사랑이 딸에게 이어지는 순간이었다. 외할머니는 첫 증손녀를 유난히 예뻐하셨다. 오래도록 품에 안아주시고, 무릎에 앉혀 동화를 들려주시던 모습, 해질녘 작은 손을 잡고 마당을 거닐던 뒷모습이 아직도 선명하다. 누군가에게 사랑받았던 시간들, 돌봄을 받아본 모든 기억이 어느 날 문득 나를 돌보는 감각으로 되살아났다. 그 모든 따뜻함이 내 안의 다정한 연습이 되어 지금의 나를 견디게 한다.

 오늘, 이 글을 쓰는 이 순간에도 나는 나를 돌보고 있다. 마음 깊은 곳에서 흘러나오는 기억과 감정, 상처와 치유를 하나하나 꺼내어 정성스레 적는 이 시간이 나를 위한 가장 부드러운 손길이다. 내가 나에게 가장 다정한 사람이 되어줄 것이라고 다짐한다. 가장 오래 나를 알아 온 존재로서, 가장 깊이 내 아픔을 아는 사람으로서 나를 가장 진심으로 사랑해 주자고.
 이 글을 읽는 당신에게도 전하고 싶다. 지금 당신의 가슴이 아무리 무겁더라도, 조금씩, 아주 조금씩 당신 자신에게 다정해지기를. 작은 촛불을 켜고 숨을 고르며, 당신의 마음을 있는 그대로 바라보기를, 따스한 차 한 잔을 손에 쥐고 그 온기를 느끼며 스스로에게 말해 보기를.
 안심해, 지금 이대로도 충분해. 너는 혼자가 아니야. 당신의 마음에도 그런 순간이 있지 않을까? 외면했던 아픔, 말하지 못했던 그리움, 그리고 그 모든 것을 끌어안으려는 다정한 순간들. 그 첫걸음이 작고 느리더라도 괜찮다. 그 발자국들이 차곡차곡 쌓이다 보면, 어느새 당신은 당신을 구해내고 있을 테니까. 어느 날 문득 창밖을 내다보니 밤하늘에 은은한 달빛이 내려앉아 있었다. 그 빛은 눈에 부시지 않았지만 묘하게 마음을 진정시켜 주었다. 누군가 다가와 등을 쓰다듬는 것처럼, 그저 거기 있는 것만으로도 포근한 위로가 되었다.

  자기 돌봄도 그런 것 같다. 거창하거나 거세게 다가오지 않는다. 누군가 알아봐 주지 않아도, 보란 듯이 빛나지 않아도 그저 조용히 천천히 스며든다. 달빛처럼. 나는 이제야 알았다. 자기 돌봄은 무엇을 해내는 내가 아니라 있는 그대로의 나를 받아들이는 연습에서 시작된다. 아무것도 하지 않아도 편안한 저녁. 마음을 쓰다듬듯 차 한 잔을 따르는 순간. 누군가에게 괜찮다고 말하기 전, 먼저 나에게 '오늘도 잘 버텼어'라고 속삭이는 일. 하루하루 나는 나에게 스며드는 사람이 되어간다. 빛나지 않아도 충분히 포근한 사람. 누군가의 사랑보다 내 안의 다정함을 먼저 믿는 사람.

  자기 돌봄은 화려한 꽃다발이 아니다. 매일 아침 마시는 따뜻한 물 한 잔이다. 눈에 띄지 않지만, 몸을 깨운다. 특별하지 않지만, 하루를 시작하게 한다. 그런 소소함이 모여 나를 살게 한다. 때로는 구름에 가려 달이 보이지 않는 밤도 있다. 그럴 때면 외할머니가 새벽마다 걸으셨던 그 길을 떠올린다. 어둠 속에서도 발걸음을 멈추지 않으셨던 그분처럼, 나도 보이지 않는 길 위에서 천천히 걸어간다. 달빛이 없어도 내 안의 온기만으로 충분하다는 것을, 이제는 안다. 어떤 날은 나 자신이 서툴고 부족해 보인다. 그럴 때면 외할머니의 목소리가 들려온다. "그래, 그래."라고 부드럽게 어루만져 주시던 그 음성이 완벽하지 않아도 괜찮다고, 느려도 괜찮다고, 그저 여기 있는 것만으로도 충분하다고 말씀해 주시던. 외할머니가 내게 남겨주신 가장 큰 선물은 사랑받았던 기억이었다. 그 기억이 지금 나를 사랑하는 법을 가르쳐 준다.

달빛은 어둠이 있어야 빛난다. 내 안의 아픔과 상처도 마찬가지다. 그것들이 있었기에 지금 다정함이 더욱 소중하고, 자기 돌봄의 의미가 더욱 깊어진다. 어둠을 지우려 하지 않고 함께 안고 가는 것. 그것이 진짜 나를 사랑하는 일이다. 지금, 이 순간에도 누군가는 나처럼 혼자 달빛을 바라보며 자신을 돌보는 연습을 하고 있을 것이다. 그 모든 이에게 전하고 싶다. 당신도 충분히 사랑받을 자격이 있다고, 당신 자신에게서부터 그 사랑이 시작된다고.

달빛이 창을 두드리는 밤이면 외할머니와 나눈 마지막 약속을 떠올린다. 오월의 꽃처럼 아름답게 살아가겠다는 약속. 나를 사랑하듯 나 자신도 그렇게 돌보겠다는 약속을. 그 약속은 달빛처럼 은은하게 내 삶을 비추고 있다. 달빛은 매일 밤 찾아오지 않는다. 하지만 내 마음 안에 자리한 자기 돌봄의 온기는 매일 밤 나를 지켜준다. 창 너머로 스며드는 달빛을 바라보며 나는 조용히 다짐한다. 오늘도 나는 나에게 아주 다정했는지, 내 마음을 있는 그대로 안아주었는지, 그리고 내일도 그렇게 살아갈 수 있을지를.

그 작은 다짐들이 쌓여 어느새 내 삶은 달빛처럼 은은하게 빛나고 있었다.

나는 그냥 잘 살아보려고 했을 뿐이에요

8장

나와 같은 길을 걸어가는 당신에게

✦
✦
✦

"외로움은 누군가를 그리워하는 마음이지만, 혼자라는 감정은 나 자신마저 낯설어지는 깊은 고요였다."

제주에 처음 발을 디뎠을 때 자연이 마음의 빈 틈새를 모두 메워줄 거라 믿었다. 바다와 올레길, 한라산이 곁을 다정히 감싸줄 거라고. 유채꽃이 바람에 흩날리는 창밖 풍경과 푸른 바다가 한눈에 내려다보이는 거실은 한 폭의 수채화처럼 고요하고 평화로웠다. 하지만 그 아름다움 속에서 자주 허허로운 공허함을 마주했다. 풍경은 잔잔했지만, 마음은 쉽게 잠들지 않았다.
　세상이 환히 빛나는 순간에도 안쪽으로 천천히 가라앉았다.

사람의 따스한 체온이 간절히 그리운 날들이 있었다. 마음을 털어놓을 사람 하나 없이 웃다가도 눈물이 뜨겁게 차올라 목 끝을 막는 날들이. 혼자라는 감정은 그렇게 불쑥 스며들었다. 처음엔 낯설었다. 시간이 지나면 괜찮아질 거라 믿었지만 그 감정은 점점 또렷해졌다. 아무리 눈부신 자연 속에 있어도 내 마음 깊은 곳이 텅 비어 있다면 그 모든 것은 잠시 스쳐 지나가는 위안에 지나지 않았다.

그날 처음으로 메마른 마음을 온전히 마주했다. 창밖을 바라보며 조용히 속삭였다.

난 혼자라서 외로운 게 아니야. 그 말은 자신을 향한 가장 깊은 이해였고, 마음 한구석에 포근히 자리 잡았다. 그 후로 자연보다 먼저 나 자신과 함께 걷기 시작했다. 혼자라는 감정을 밀어내지 않고 그 감정과 호흡하는 법을 배웠다. 그건 더 이상 도망치고 싶은 어둠이 아니었다. 내면 깊숙한 곳을 들여다보게 하는 가장 투명한 거울이었다. 원래 혼자 있는 걸 싫어했다. 그래서 스물두 살에 서둘러 결혼했다. 하지만 결혼 2년이 지나도 아이가 생기지 않았다. 일곱 살 차이 나는 남편과 함께 느끼는 조급함은 날이 갈수록 커져만 갔고, 병원에서 불임이라는 차가운 진단을 받았다. 스물한 살 맹장과 나팔관 수술 후 자궁내막 유착이라는 말을 들었을 때 하염없이 울었다. 그 한마디가 몸과 마음에 지워지지 않을 깊은 상처를 남겼다. 임신한 사람들을 볼 때마다 부러움은 예리한 자책으로 바뀌어 가슴 깊숙이 파고들었다. 그들의 둥그스름한 배를 바라보는 시선은 언제나 간절했지만 돌아서는 순간 한없이 작아져만 갔다.

"세상이 뭐 이래? 왜 하필 나야?" 입술을 깨물며 목구멍 깊숙이 삼켜버린 그 말이 가슴속에서 메아리쳤다. 왜 하필 나였을까. 왜 다른 사람들에게는 너무나 자연스러운 일이 내게만 이렇게 멀고 아픈 꿈이 되어버린 걸까. 엄마도 없이 자랐는데 이제는 아이조차 가질 수 없다니. 그럼 나는 영원히 엄마가 될 수 없는 걸까. 마치 누군가 내 삶에서 가장 따뜻한 이름 하나를 송두리째 지워버린 것만 같았다. 어릴 적부터 마음 한구석에 소중히 품어온, '나는 꼭 포근한 엄마가 되고 싶다.'라는 간절한 소망마저 뿌리째 흔들리던 순간이었다. 엄마의 부드러운 손길을 한 번도 제대로 느껴보지 못한 채 자란 나는 그 누구보다 엄마가 되고 싶었다. 내 품에서 자랄 아이에게는 절대로 외로움이라는 감정을 물려주지 않겠다고, 내가 받지 못한 사랑을 온전히 쏟아주겠다고 다짐했던 오래된 약속들이 한순간에 무너져 내렸다. 엄마가 없는 아이로 자라, 이제는 아이조차 품기 어려운 나. 그 잔혹한 현실은 내 존재 전체를 뿌리째 흔들어놓았다.

그때의 고통은 어린 날 견뎌낸 모든 아픔보다 미치도록 깊었다. 어린 시절의 외로움이 서늘한 바람 같았다면 이것은 내 영혼까지 얼려버리는 혹독한 겨울이었다. 여러 차례의 수술과 시험관 시술 끝에 어렵게 아이를 품었지만, 그 과정은 누구에게도 쉽게 말할 수 없는 무게였다. 왜 내게는 평범한 일이 이렇게 멀고 아프게 느껴지는 걸까. 우울함은 나를 점점 작게 만들었고 간절히 지키고 싶었던 가정은 딸이 열 살이 되던 해에 깨졌다. 내가 그리던 모습은 참 단순했다. 아침마다 김이 모락모락 피어오르는 따뜻한 밥상을 차리고, 저녁이면 가족들의 하루 이야기를 다정히 들어주는 사람. 누군가의 든든한 뒷바라지가 되어주는 것이 나의 가장 큰 꿈이었다. 현모양처라는 말이 어떤 이들에게는 낡은 가치관으로 들릴지 모르지만 내게는 세상에서 가장 아름다운 역할이었다.

그런데 삶은 때로 우리의 계획을 산산조각 낸다. 내가 그토록 지키고 싶었던 가정이 무너지는 순간 모든 것을 다시 짊어져야 했다. 가장이 된다는 것. 그것은 단순히 경제적 책임만을 의미하지 않았다. 아이 앞에서는 흔들리지 않는 어른이어야 했고 세상 앞에서는 당당한 한 사람이어야 했다. 때로는 아버지가 되어야 했고 때로는 어머니로 남아 있어야 했다. 밤이 깊어지면 문득 생각한다. 내가 꿈꾸던 현모양처의 모습과 지금의 내 모습이 정말 다른 걸까. 아침마다 아이의 든든한 아침을 챙기고 저녁이면 아이의 하루를 온 마음으로 들어주는 것은 여전하다. 다만 그 사랑의 무게가 조금 더 깊어졌을 뿐이다.

어쩌면 진짜 현모양처란 상황이 어떻게 변하든 가족을 지켜내는 사람이 아닐까. 연약함과 강인함을 동시에 품고 때로는 울면서도 다음 날 아침에는 다시 일어서는 사람. 그렇게 생각하니 나는 여전히, 아니 더욱 현모양처에 가까워진 것 같다. 가정이 사라졌을 때 나는 절벽 끝에 선 사람 같았다. 아이를 혼자 키우며 발끝으로 삶을 버텼다. 딸이 초등학교 6학년 여름방학에 유학을 떠난 후 나는 또다시 혼자가 되었다.

아이의 빈자리는 외로움보다 더 무거웠다. 술에 기대 잠들곤 했지만, 아무것도 그 빈자리를 채워주지 못했다. 일을 마치고 집에 돌아오면 아무도 없는 텅 빈 집은 어린 시절 불 꺼진 방에 홀로 앉아 있던 나를 떠올리게 했다. 외로움은 누군가의 빈자리를 느끼는 감정이었다. 함께 나눴던 말과 웃음, 살결에 스며든 향기

같은 따뜻한 기억의 잔상. 노래 한 구절에 눈물이 고이고 바람마저 그 사람의 온기처럼 느껴지는 순간. 그것이 외로움이었다.

  하지만 혼자라는 감정은 달랐다. 더 깊고 묵직했다. 외로움이 누군가 있던 자리의 공백이라면, 혼자라는 감정은 다른 차원의 것이었다. 애초에 아무도 내 가슴 안에 머물렀던 적 없는 존재의 깊은 침묵. 그것은 혼자됨의 본질이었다. 누군가 곁에 있어도 채워지지 않는 공허. 말을 걸어도 공중에 맴돌다 사라지는 소리. 마주 앉아 있어도 체온이 닿지 않는 거리. 그건 끝없는 겨울 바다 한가운데 빛 하나 없이 떠 있는 나 자신 같았다.

  이 감정을 받아들이기까지 나는 오랜 시간 나 자신과 마주해야 했다. 이 정도쯤은 괜찮다고 스스로 달랬지만 누군가의 다정한 한마디가 너무 멀게 느껴질 때면 그 공허함은 더 짙어졌다. 그날 나는 처음으로 내 어깨에 손을 올렸다. 그리고 속삭였다. 지금의 마음, 그대로 있어도 괜찮아. 이 모든 감정, 내가 알아줄게. 그 순간 내가 나의 위로가 될 수 있다는 사실이 신기했지만, 분명히 존재했다. 그 작은 깨달음이 나를 다시 붙잡아주었다. 혼자라는 감정은 더 이상 피해야 할 대상이 아니었다. 내 안의 깊은 내면과 마주하는 소중한 시간이었다.

고요한 새벽, 아무도 모르게 울고 웃는 나에게 나는 가장 따뜻한 위로를 건넸다. 지금도 문득 누군가가 그립고 손을 꼭 잡고 싶은 날이 있다. 하지만 이제는 안다. 제 마음에 손을 얹는 것만으로도 세상이 덜 무겁게 느껴진다는 것을. 누군가의 말보다, 스스로에게 속삭이는 한 문장이 더 깊게 스며드는 순간이 있다는 것을.

"그래, 오늘 하루도 잘 지나왔구나. 묵묵히 여기까지 온 너, 참 대단해."

그 말은 내 안의 고요를 흔들며 나를 다시 일으켜 세운다. 혼자, 외로움과 함께 견디며 지나온 시간 속에서 어깨를 다정히 토닥이는 법을 배웠다. 마음 안의 고요에 귀 기울이고 내 마음을 먼저 알아차리는 용기를 얻었다. 그 모든 시간은 더 깊은 나를 만나게 해주었다.

지금 혼자라 느끼는 당신에게 말하고 싶다. 당신이 혼자라는 사실은 부족해서가 아니다. 그것은 당신 스스로를 만나고 있는 귀한 시간이다. 그 시간의 끝에서 당신은 세상 누구보다 다정하고 단단한 자신을 만날 것이다. 혼자라는 감정은 결국 나를 이해하는 연습이었다. 그 연습 속에서 나를 가장 깊이 들여다보는 법을 배웠고 그 고요 속에서 마침내 나를 다정히 끌어안았다. 당신도 괜찮다. 지금의 모든 감정이, 그 무게가, 그 고요가 모두 당신의 일부이자 오래 곁에 있어 줄 친구다. 그 모든 것들과 나란히 걷는 법을, 조금씩 익혀가면 되는 것이다. 당신은 혼자가 아니다. 같은 길을 걸어간 사람들이 있고 당신을 이해하는 마음들이 있다.

9장

눈물도 허락받아야 했던 날들

✦
✦
✦

"감정을 느낄 수 있다는 건, 내가 아직 살아 있다는
가장 분명한 증거였다."

한때 나는 슬픔도 눈물도 누군가 받아줄 때만 허락되는 것이라 여겼다. 어릴 적부터 감정에 솔직히 반응하는 법을 배우지 못했던 나에게, 눈물은 그리움 앞에서만 흘릴 수 있었고 슬픔은 어른들이 허락한 순간에만 꺼낼 수 있는 감정이었다. 감정은 늘 마음 깊숙이 숨겨야 했고, 표현할 시간도 공간도 사람도 없었다. 고등학교에 갈 때 선택의 여지는 없었다. 공부보다 먹고사는 것이 우선이었던 나에게 산업학교는 선택이 아닌 필연이었다. 열일곱 살의 하루는 시곗바늘을 거스르며 흘렀다. 기숙사 좁은 방에서 눈을 뜨면, 다른 아이들이 꿈속에서 헤매는 시간에 나는 이미 어른들 세계로 발을 내딛고 있었다.

밤의 방직공장은 낮과는 전혀 다른 얼굴을 하고 있었다. 형광등 불빛 아래 돌아가는 기계들의 리듬은 거대한 심장박동 같았고, 그 소음 속에서 나는 천천히 어른이 되어갔다. 3교대 근무라는 말이 주는 무게감을 온몸으로 느끼며, 열일곱 살의 어깨는 생각보다 많은 것들을 견뎌야 했다. 새벽이 되면 공장 차가운 세면대에서 얼굴을 씻었다. 거울 속 내 모습은 또래 아이들과는 확연히 달랐다. 피로에 젖은 눈가, 기계기름 냄새가 밴 손톱, 잠시도 쉬지 않는 기계 소리에 무뎌진 귀. 그렇게 씻은 얼굴로 향하는 학교길은 언제나 무거웠다.

교실에 앉아 칠판을 바라보는 일은 때로 고행 그 자체였다. 졸린 눈을 비비며 선생님 목소리를 듣는 동안, 귓속에서는 여전히 기계들의 소음이 맴돌았다. 휴지로 코피를 막으며 책장을 넘기는 손짓이 일상이 되었고, 그 작은 동작 하나하나가 내가 버텨내고 있는 현실이었다. 가장 힘든 것은 귀였다. 쉴 새 없이 울리는 기계 소리에 귀가 멍해지는 것은 시간문제였고, 어느 순간부터 시작된 중이염은 끝없는 이명을 안겨주었다. 고막에 뚫린 작은 구멍은 그때 시간이 남긴 상흔이었다. 그 구멍을 통해 새어나간 것은 소리만이 아니었다. 열일곱 살 순수함, 또래와 함께 나누어야 했을 웃음소리, 조용한 밤에 들어야 했던 이야기는 자장가처럼 모두 흘러나갔다. 세월이 흘러 쉰 살이 넘어서야 나는 드디어 그 구멍을 메우는 수술을 받았다. 귀 안쪽 연골을 이식해 고막을 메우는 정교하고도 섬세한 수술이었다. 의사는 고막이 다시 온전해졌다고 말했지만, 나는 안다. 그 시절 소음과 피로, 이른 아침 차가운 세면대와 졸음에 젖은 교실의 기억들은 여전히 내 안에 살아 숨 쉰다는 것을. 천천히 조심스럽게 치유되어가는 고막처럼, 나의 기억도 새로운 의미로 아물어간다.

  지금 생각해 보면 그때의 나는 참 용감했다. 선택의 여지 없이 주어진 길 위에서 밤과 낮 사이를 오가며, 학생과 노동자 사이에서 균형을 잡으려 애썼던 그 열일곱 살. 고막의 구멍은 메워졌지만, 그 시간이 내게 남긴 단단함은 여전히 내 삶의 중심을 지킨다. 밤낮이 뒤바뀐 삶 속에서 몸은 점점 지쳐갔지만, 힘들다는 말은 입 밖으로 내지 못했다. 누구에게 기대거나 하소연할 여유가 없었다. 그저 버티는 것이 삶의 전부였고, 묵묵히 하루를 견디는 것이 어른이 되는 길이라 여겼다. 감정을 느낀다는 건 사치처럼 여겨졌고, 마음은 늘 뒷순위였다.

하지만 어떤 날들은 문득 마음이 풀렸다. 친구들과 식당에 둘러앉아 수다를 나누며 밥을 먹는 순간, 그 한 숟갈이 어찌나 따뜻하고 맛있던지. 누군가 건넨 따뜻한 밥, 함께 마주 앉아 먹는 한 끼는 지친 몸과 마음을 어루만져 주는 시간이었다. 잠자리도 혼자가 아니었다. 한 방에 네 명이 나란히 이불을 펴고 잤다. 비좁았지만 외롭지 않았다. 어두운 방 안에서 오가는 웃음소리와 귓속말은 하루의 피로를 스르르 녹여주었다.

그러던 어느 여름, 몸이 이상했다. 식중독이라 여기고 넘기려 했지만, 속이 메슥거리고 손끝에 힘이 빠지더니 몸이 휘청이며 그대로 쓰러졌다. 고열과 장 출혈이 이어졌고, 결국 장티푸스라는 진단을 받았다. 그날 밤 나는 낯선 병원 침대에 누워 있었다. 보호자란 말이 무색할 만큼, 그 병실엔 나 혼자였다. 오염된 물, 지친 몸, 면역력조차 없던 어린 내게 그 병은 잔인하게 찾아왔다. 열은 사흘 내내 40도 언저리를 넘나들었고, 그렇게 혼자 이불 속에서 식은땀을 흘리며 밤을 꼬박 지새웠다.

무엇보다 괴로웠던 건 몸이 아니라 아무도 오지 않는 그 고요한 시간이었다. 간호사가 문을 열고 들어올 때마다 나는 괜히 눈을 감은 척했다. 울면 더 아플 것 같아서. 그 병원 침대 위에서 나는 울 수조차 없었다. 내가 울면 누가 닦아줄 사람도 없었으니까. 입원비는 어떻게 낼까. 며칠 더 누워 있어도 될까. 그런 생각이 어린 마음을 더욱 좁여왔다. 다른 아이들은 아프면 엄마가 달려와 손을 잡아주는데, 나는 손 하나 잡아줄 사람 없이 해열제보다 더 쓰라린 마음을 껴안고 버텨야 했다.

 그때 병원 원장이 내 사정을 듣고 조용히 말했다. "지금은 치료에 집중하자. 다른 건 나중에 생각해도 된다." 그 말에 눈물이 핑 돌았지만, 감정을 드러내는 데 익숙하지 않았던 나는 고개를 돌려 조용히 눈물을 훔쳤다. 입술을 꾹 다물고 마음속으로 수없이 되뇌었다. '정말… 감사합니다.' 퇴원 후 두 달간 아껴 모은 돈으로 병원비를 갚으면서도 그날의 온기를 가슴 깊이 새겼다. 그래서일까. 지금도 아프면 혼자 조용히 병원에 간다. 누구에게도 말하지 않고, 특별한 감정 없이 담담히 다녀온다. 감정이 나를 돌봐주지 않는다는 걸 그 시절에 이미 알았기 때문이다. 시간이 흐르며 나는 감정을 다시 배워간다. 이제는 감정을 숨기지 않는다. 혼잣말하다 울고, 드라마를 보며 웃고, 고양이 눈을 바라보다 조용히 눈물이 고인다. 그 모든 감정을 허락한다. 딸이 가끔 말한다.

 "엄마는 참 소녀 같아." 그럴 때면 웃으며 답한다. "엄마 철들면 늙는 거야."

　감정을 표현할 수 있다는 건 큰 축복이다. 감정을 느끼는 건 따뜻한 마음을 가진 다정한 사람이라는 증거다. 그 감정이 나를 아프게 할지라도, 그 아픔은 내가 살아 숨 쉰다는 증거다. 나는 오랫동안 감정을 참으며 살았다. 눈물이 나면 약해 보일까 두려웠고, 속상하다고 말하면 민폐가 될까 망설였다. 그래서 웬만한 일은 웃으며 넘겼고, 마음이 무너질 때도 괜찮아, 라며 감정을 눌렀다. 하지만 감정은 억누른다고 사라지지 않았다. 감정은 기억의 틈, 마음의 그늘에 숨어 있다가 예고 없이 나를 무너뜨렸다. 그러던 어느 날 깨달았다. 감정을 느끼는 건 부끄러운 일이 아니라는 걸. 그것은 내가 살아 있고, 사랑하고, 상처받고, 꿈꾸고 있다는 증거라는 걸.

　"감정을 억누르지 말라. 그 안에는 당신의 진실이 숨겨져 있다." 칼 융의 말처럼 감정은 나의 가장 깊은 진심이다. 누군가에겐 사소해 보이는 일이어도 내 마음이 아프다면 그건 분명한 신호다. 기쁠 땐 웃고 슬플 땐 우는 용기. 그 진심을 마주할 때 비로소 나를 이해하고 타인을 깊이 품을 수 있었다. 30대에 들어서면서 나는 조금씩 변화하기 시작했다. 그 변화의 시작은 의외로 친구의 한마디였다. 직장에서 힘든 일이 있어서 만난 친구에게 "괜찮아, 별거 아니야."라고 말하는 나를 보며 그 친구가 말했다. "너 정말 괜찮아? 괜찮지 않아도 괜찮은데." 그 말이 처음에는 이상하게 들렸다. 평생 감정을 통제해야 하는 것이라고 배워 왔는데, 괜찮지 않아도 된다니.

친구는 계속 말했다. "슬플 때 슬퍼하고, 화날 때 화내고, 기쁠 때 기뻐하는 게 자연스러운 거야. 왜 자꾸 참으려고만 해?" 그제야 나는 내가 얼마나 많은 감정을 억눌러왔는지 깨달았다. 슬픔뿐만 아니라 기쁨도, 화도, 심지어 사랑하는 마음조차도 온전히 느끼지 못하고 살아왔다는 걸. 친구 앞에서도 가족 앞에서도, 심지어 나 자신 앞에서도 항상 괜찮은 사람을 연기하며 살아왔다는 걸. 그날 밤 집에 돌아와서 나는 오랜만에 실컷 울었다. 허락을 구하지 않고, 누구 눈치를 보지 않고, 그냥 울고 싶어서 울었다. 그 눈물이 얼마나 시원했는지. 오랫동안 막혀 있던 무언가가 뚫리는 것 같았다.

감정을 탓하지 않기로 했다. 눈물이 흐를 땐 애써 참지 않기로 했다. 그래, 그렇게 느낄 수 있어. 네가 틀린 게 아니야. 그 말을 가장 먼저 해줄 사람은 나 자신이다. 감정은 조절의 대상이 아니라 이해의 대상이다. 마음의 진동을 억누르거나 도망치지 않고 그 자리에 머물러보는 것. 그것이 감정을 품는 첫걸음이다. 내 마음을 안아준다는 건 생각보다 구체적이고 실천적인 일이었다. 힘든 하루를 보낸 나에게 오늘도 수고했어. 라고 말해주는 것. 완벽하지 못한 나를 탓하지 않고 괜찮다, 충분히 잘하고 있어. 라고 다독여주는 것. 아픈 마음을 외면하지 않고 아프구나, 힘들었구나. 하고 인정해 주는 것.

때로는 내가 좋아하는 차를 우려내어 천천히 마시며 나와 대화하는 시간을 갖기도 했다. 때로는 좋아하는 음악을 들으며 내 감정에 솔직해지는 시간을 만들기도 했다. 작은 일이었지만 그런 순간들이 차곡차곡 쌓여 나는 조금씩 나 자신과 친해진다. 감정을 느낀다는 건 살아 있다는 가장 확실한 증거다. 기쁨도, 슬픔도, 분노도, 사랑도 모두 우리가 살아 숨쉬기 때문에 가능한 일이다. 그런 감정들을 억누르며 사는 건 살아 있으면서도 죽은 것처럼 사는 것과 같다. 이제 나는 내 감정을 존중한다. 슬픈 날에는 슬픔에 충실하고, 기쁜 날에는 기쁨을 만끽한다. 화가 날 때는 그 화의 원인을 들여다보고, 외로울 때는 그 외로움을 인정한다. 그렇게 살다 보니 삶이 훨씬 더 생생하고 진실하게 느껴진다.

물론 여전히 완벽하지는 않다. 때로는 예전 습관이 나와서 감정을 숨기려고 할 때도 있다. 하지만 그럴 때마다 나는 나 자신에게 말해준다. 느껴도 괜찮아. 표현해도 괜찮아. 그것이 너의 권리야. 그리고 주변 사람들에게도 그런 메시지를 전하려고 노력한다. 특별한 말이 아니어도 된다. 그냥 상대방의 감정을 인정해 주는 것. 힘들었겠다. 슬프겠다. 화날 만하다. 라고 하는 간단한 말들이 때로는 큰 위로가 된다는 걸 안다. 감정을 표현할 권리. 그것은 정말 인간만이 가질 수 있는 특별한 권리다. 동물들도 감정을 느끼지만, 그것을 언어로 표현하고 다른 사람과 나누고 위로받을 수 있는 건 인간만의 특권이다. 지금 생각해 보면 감정을 억누르며 살았던 그 시간이 나름의 의미가 있었다. 그 시간이 있었기에 지금의 이 자유로움이 더욱 소중하게 느껴진다.

가끔 예전의 내 모습과 비슷한 사람들을 만난다. 힘든 일이 있어도 괜찮다고만 말하는 사람들, 눈물을 참으려고 애쓰는 사람들. 그런 사람들을 보면 마음이 아프다. 동시에 말해주고 싶다. 괜찮지 않아도 괜찮다고. 울고 싶으면 울어도 된다고. 그것은 약함이 아니라 용기라고. 나를 안아주는 방법을 배워가면서 깨달은 게 있다. 다른 사람의 위로를 기다리는 동안 우리가 놓치고 있던 게 있었다는 것. 그건 바로 나 자신이 나에게 줄 수 있는 가장 따뜻하고 지속적인 사랑이었다. 다른 사람은 잠깐 곁에 있어줄 수 있지만, 나는 평생 나와 함께 살아가야 하는 사람이니까.

물론 여전히 누군가의 따뜻한 손길이 그립다. 말없이 안아줄 사람이 있으면 좋겠다는 마음도 든다. 하지만 이제는 그것이 없어도 괜찮다는 걸 안다. 내가 나를 충분히 사랑할 수 있다는 걸, 내가 나에게 충분히 따뜻할 수 있다는 걸 배웠으니까. 세상이 차갑게 느껴질 때마다 나는 나 자신에게 돌아온다. 내 마음을 들여다보고, 내 감정을 인정하고, 내 아픔을 토닥여준다. 그것이 내가 세상을 살아가는 방법이 되었다. 나처럼 혼자서 자신을 토닥여가며 살아가는 사람들이 세상에는 정말 많다. 우리는 각자의 자리에서, 각자의 방식으로 스스로에게 따뜻함을 주며 하루하루를 견뎌내고 있다. 그것이 얼마나 용감하고 아름다운 일인지 이제는 안다. 혼자라는 게 외로운 것만은 아니다. 때로는 나와 가장 깊이 만날 수 있는 소중한 시간이기도 하다. 그 시간 속에서 나는 나만의 방식으로 나를 사랑하는 법을 배운다. 그리고 그것이 세상을 살아가는 가장 든든한 힘이 된다.

감정을 허락받지 않아도 되는 삶. 그것이 내가 열일곱 소녀에게 건네고 싶은 가장 따뜻한 선물이다. 울고 싶을 때 울 수 있다는 것, 마음이 아플 때 아프다고 말할 수 있다는 것. 그건 허락이 아니라 살아 있는 사람만이 가질 수 있는 가장 인간다운 권리다.

10장

엄마도 엄마가 처음이었으니까

"서툴고 부족했던 사랑도 사랑이었다는 걸, 이제야
나는 나에게 말해주고 싶다."

이혼 후 딸과 함께 외가 근처로 이사하던 날을 잊을 수 없다.
"엄마, 우리 어디로 이사 가?"
"응… 아직 우리가 살 집은 못 구했어."
그 짧은 대화가 우리 모녀의 마음을 조용히 무겁게 내려앉게 했다. 손안의 전부는 천만 원뿐이었다. 그 돈으로 월셋집을 구한다는 것은 불가능에 가까웠다. 현실이 냉혹했고, 발걸음은 조급해졌다. 부동산 문을 나설 때마다 세상이 오직 우리에게만 등을 돌린 것 같았다. 누군가는 살 집을 고를 때 우리는 겨우 살 수 있는 집을 찾아 헤맸다. 아무리 찾아도 안식처는 점점 멀어져만 갔다. 넘고 또 넘어도 앞에는 언제나 또 다른 산이 기다리고 있었다. 사랑을 배운 적 없는 내가 자식에게 사랑을 주는 일은 벅찬 모험이었다.

백화점에서 일하던 시절, 주말은 전쟁터나 다름없었다. 아침 8시에 집을 나서 밤 9시가 훌쩍 넘어서야 집에 도착했고, 행사 기간에는 자정까지 매장을 지켰다. 딸과 밥 한 끼 나누거나 함께 나들이할 여유는 꿈도 꿀 수 없었다. 일하는 내내 딸 생각뿐이었다. 지금 밥은 먹었을까. 혼자 보내는 밤이 무섭지는 않을까. 불안이 가슴 깊숙이 파고들었다. 살기 위해 바쁘게 뛰어다녔지만, 정작 사랑하는 사람과 함께할 시간은 없었다.

초등학교 6학년이던 딸을 유학 보내기로 결심했다. 지인의 소개로 홈스테이를 선택했다. 혼자 밥을 먹지도, 혼자서 잠들지 않아도 된다니 마음이 놓였다. 그런데 딸을 떠나보내던 날이 하필 내 생일이었다. 축하받아야 할 날이 사랑하는 아이를 먼 곳으로 보내는 날이 되어버렸다. 아버지가 나를 보냈듯 나도 딸을 보내야 하는 현실이 원망스러웠다. 먹고 살겠다고 자식을 말도 통하지 않는 낯선 땅으로 보내야 하는 내가 미웠다. 사랑하기에 보내야 했지만, 그 순간만큼은 나 자신이 너무도 원망스러웠다.

문득 칼릴 지브란의 말이 떠올랐다. "사랑한다는 것은 때로 떠나보내는 것이다." 사랑이 소유가 아니라는 것, 진정한 사랑은 때로 포기하는 용기라는 것을 깨달았다. 하지만 머리로 아는 것과 마음으로 받아들이는 것은 전혀 다른 일이었다. 공항에서, 수많은 이별과 만남이 교차하는 그곳에서 나는 한참을 서서 울었다. 딸은 의외로 담담했다. 어쩌면 나보다 더 단단하고 어른스러웠다. 출국 게이트 앞에서 딸이 내 젖은 눈가를 바라보며 말했다. "나중에 갈까? 엄마가 우니까 내가 어떻게 가."

서늘함이 가슴을 스쳤다. 어린아이가 나 때문에 괜찮은 척, 어른처럼 굴어야 했던 현실이 미안하고 아팠다. 나는 아이가 어린아이로 머물러도 괜찮은 세상을 만들어주지 못했다. 이별보다 더 아픈 것은 딸의 담담함 속에 숨어 있는 외로움이었다. 화장실에 들어가 조용히 울었다. 소리를 내면 안 될 것 같아서, 감정을 들키지 않으려 침묵 속에서 눈물을 흘렸다. 그 눈물은 말보다 먼저 내 안의 이별을 받아들이고 있었다.

"2년만 참자. 다시 만나자."

그렇게 약속했건만 우리는 7년 만에야 다시 만났다. 2년이 7년이 되어버린 것이다.

딸 없는 빈자리를 일로 메웠다. 일터에서 가장 높은 자리까지 올랐다. 하지만 돈도 지위도 속 빈 가슴을 채워주지는 못했다. 직원들 월급과 딸의 유학비, 모든 짐이 내 어깨를 짓눌렀다. 나는 아플 여유조차 없는 사람이었다. 딸을 자주 만나러 갈 수도 없었다. 7년 동안 단 한 번밖에 가지 못했다. 그마저도 빚진 마음이 되어 가슴에 남았다. 내년에는 꼭 시간을 내겠다고 미뤄온 재회는 결국 7년 후에야 이뤄졌다. 딸은 홀로 자라났다. 이제 어른이 되었지만, 내 기억 속 딸은 여전히 초등학교 책가방을 메고 있다. 시간이 그때 멈춰버린 것만 같았다.

딸이 가끔 묻는다. "엄마, 내가 유학 가지 않았다면 어땠을까?" 한없이 슬프고 아픈 질문이다. 말하지 않아도 알 수 있었다. 딸도 나를 원망했던 순간들이 있었다는 것을. 나는 결국 돈과 명예를 선택했다. 사랑을 줘야 할 시간에 돈으로 대신하려 했다.

"엄마도 엄마가 처음이라서 그래." 지금도 딸에게 가장 많이 하는 말이다. 좋은 엄마가 무엇인지 몰랐다. 열심히 살기만 하면 언젠가는 좋은 엄마가 될 수 있을 거라 믿었다. 시간이 모든 것을 해결해 주리라 생각했다. "모성애는 완벽한 것이 아니다. 그것은 매일 새롭게 배워가는 것이다." 오프라 윈프리의 말처럼 나는 매일 엄마라는 이름을 새롭게 배워가고 있었다. 실수하고 후회하고 다시 일어서는 과정이 모두 엄마가 되어가는 길이었다. 완벽한 엄마는 없다. 다만 매일 조금씩 나아지려 애쓰는 엄마가 있을 뿐이다.

버거운 날들이 있었다. 잠들면 하루가 조용히 흘러가고, 깨어나면 어느새 오랜 시간이 지나 있기를 바랐다. 살아가는 일이 너무 벅차고, 견디는 일에 지쳐서 시간이 나 대신 모든 것을 지나쳐 주기를 원했다. 힘든 날이면 딸에게 이런 말을 했다. "딸, 엄마 늙어도 좋으니까 제발 빨리 컸으면 좋겠어." 아이를 재촉하는 말이 아니었다. 혼자서 이 모든 것을 감당하기에는 내 몸과 마음이 너무 지쳐 있었다. 버티는 것만으로도 벅찼다. 무언가를 이뤄내려 하기보다는 아무 일도 일어나지 않기를 바라는 순간이 더 많았다. 어떤 변화도, 어떤 소망도 품고 싶지 않았다. 그저 조용히 하루가 끝나기만을 기다렸다. 하루가 지나면 고단함이 조금이라도 줄어들기를, 외로움과 불안이 옅어지기를 바랐다.

지금 생각해 보니 피하고 싶었던 그 시간조차 내가 견뎌내야 할 삶의 일부였다. 문득 깨달았다. 내가 원했던 것은 시간이 빨리 지나가는 게 아니었다. 이 시간이 덜 아프게 흘러가기를, 고단한 나날을 견디는 내게 누군가 다정한 말을 건네주기를 바랐던 것이다. 힘들어도 너는 최선을 다하고 있어. 고단함 속에서도 참 잘 버텨내고 있어. 이제는 내가 나에게 건네는 말이 되었다. 나를 버티게 해준 것은 곁에 있어 준 딸이었다. 한 번도 속을 썩이지 않고 고마운 아이로 자라 준 딸. 그 아이 덕분에 나는 무너지지 않았다. 딸에게 미안한 마음은 여전하다. 하지만 그 미안함이 삶을 포기하게 만들지는 않았다.

 이제는 솔직해지고 싶다. 나는 완벽한 엄마가 아니었지만, 그 누구보다 최선을 다한 사람이었다는 것을. 잘했어. 오늘도 잘 살아냈구나. 이 정도면 정말 훌륭해. 오랫동안 기다려온 위로였는지도 모른다. 나는 있는 힘을 다해 살아왔다. 아이가 다치지 않도록, 비에 젖지 않도록 온 마음으로 아이를 품고 살아왔다. 어떤 날은 외로움 속에서 울었고 어떤 날은 그 외로움을 꺼내지도 못한 채 웃어야 했다. 그럼에도 나는 늘 아이 곁에 있었다. 물리적으로는 멀리 떨어져 있었지만, 마음만은 항상 딸과 함께였다. 그것만으로도 나는 나 자신에게 인정받을 자격이 있다. 매 순간이 벅찼다. 눈을 떠도, 감아도 가슴 위의 무게는 그대로였다. 머릿속은 해야 할 일들로 가득했지만, 마음은 점점 비어갔다. 멈춰버린 감정, 흐릿한 하루들. 그 속에서 나는 단지 존재한다는 이유만으로 스스로를 자책했다.

하지만 사실 아무것도 하지 않은 게 아니었다. 나는 견디는 중이었다. 묵묵히. 살아온 날들이 가볍지 않았기에, 그만큼 무거운 하루하루를 안고 있었다. 누구에게도 말하지 못한 채 마음을 다잡으며 하루를 넘겨왔다. 생각해 보니 그 모든 시간을 나는 묵묵히 건너왔다. 넘어지고, 주저앉고, 때로는 멈춰 서서 울면서도 결국은 다시 일어났다. 누구의 응원도, 누구의 시선도 없이 나는 나를 포기하지 않았다. 하루 위에 또 하루를 쌓으며 '나'라는 사람을 조용히 만들어왔다. 그래서 오늘은 나에게 이렇게 말한다. 수고했어, 나. 오늘도 네가 너를 지켜냈구나.

그 말을 들을 때, 나는 다시 살아갈 힘을 얻는다. 내가 얼마나 애썼는지, 얼마나 많은 것을 견뎌냈는지 내가 가장 잘 안다. 묵묵히 버텨온 날들이 결코, 하찮지 않다는 것을 안다.

누구의 인정을 기다릴 필요 없다. 내가 나를 알아주는 것으로 충분하다. 애쓴 하루를, 버텨낸 오늘을 스스로 다정히 어루만지는 일. 그것이 가장 진실한 위로이다.

때로는 아무것도 하지 않은 것 같은 하루도, 사실은 나를 지키려고 온 힘을 다한 날이었다. 조용히 눈물을 흘리던 순간들도 삶을 견뎌내는 소중한 시간이었다. 외롭고 서럽고 지쳤던 시간들이 나를 단단하게 만들었다. 내가 누구인지 알아가게 해주었다.

이제는 안다. 나를 구원해 줄 사람은 세상 그 누구도 아닌 바로 나 자신이라는 것을. 내가 내 편이 되기로 다짐한 순간부터 삶이 달라졌다. 다른 누구의 말보다 내가 나에게 건네는 말이 더 오래, 더 깊이 마음에 남는다는 것을 깨달았다.

부디 당신도 스스로에게 이렇게 말해주기를. 오늘의 나도 충분해. 그것만으로도 괜찮아. 그 말이 내일을 살아갈 작은 불빛이 되어 가슴속에서 조용히 빛나기를. 아무도 보지 않는 곳에서 혼자 버텨낸 시간이 가장 아름다운 순간들이었다는 것을 우리는 안다. 그러니 오늘도, 그저 살아있는 것으로 충분하다. 돌이켜보면 내가 딸에게 준 사랑은 완벽하지 않았다. 서툴렀고 때로는 부족했으며 자주 미안했다. 하지만 그 모든 서툶 속에도 진심이 있었다. 최선을 다하려는 간절함이 있었다. 딸을 유학 보낸 것도, 밤늦게까지 일한 것도, 모든 선택이 사랑에서 시작되었다. 비록 완벽한 형태로 전해지지 못했을지라도, 그것은 분명 사랑이었다. 서투른 만큼 더 간절했고, 부족한 만큼 더 애틋했다. '엄마도 엄마가 처음이었으니까.' 이 말속에는 변명이 아닌 인정이 담겨 있다. 완벽하지 못했던 나를 받아들이고, 그럼에도 최선을 다했던 나를 인정하는 마음. 그리고 딸에게도, 그런 엄마를 이해해달라는 조용한 부탁인지도 모른다.

지금의 딸은 그 모든 것을 이해한다. 어른이 된 딸은 때로 나보다 더 현명하고, 더 따뜻하다. 아이가 이렇게 잘 자라준 것이야말로 내 사랑이 헛되지 않았다는 증거가 아닐까.

완벽하지 않았지만, 우리는 서로를 사랑했다. 흔들리는 마음을 붙잡으며, 서로의 빈자리를 애타게 그리워하며, 그 사랑 하나로 여기까지 왔다. 7년의 공백도, 수많은 미안함도, 말하지 못한 그리움도, 모든 것이 우리를 더 단단하게 만들어주었다. 아프도록 사랑했기에 이토록 깊어진 마음이다. 서툴고 부족했던 사랑도 사랑이었다. 가슴 깊은 곳에서 울어오는 그 진실을, 이제야 나는 나에게 말해주고 싶다. 같은 길을 걸어가는 누군가에게도 간절히 전하고 싶다. 당신의 사랑도 충분했다고. 완벽하지 않았어도, 그 모든 순간이 분명 사랑이었다고.

사랑에는 정답이 없다. 완벽한 엄마도 없다. 다만 매일 조금씩 배워가며, 실수하고, 후회하고, 다시 일어서는 우리가 있을 뿐이다.

엄마도 엄마가 처음이었으니까. 그 서툶을 용서하며, 그 안의 진심을 알아주며, 우리는 오늘도 사랑을 배워간다.

나는 그냥 잘 살아보려고 했을 뿐이에요

11장
가면 너머로 흘러내린 진실의 눈물

✦
✦
✦

"눈물이 흘러내릴 때마다 나는 다시 살아 있음을
느낀다. 그것이 나에게 주어진 가장 진솔한 증거니까."

울고 싶었던 날들이 있었다. 목 끝까지 차오른 슬픔을 삼키며 아무 일도 아닌 듯 웃어야 했던 날들. 그때마다 나는 조용히 가면을 꺼내 썼다. 무너지지 않기 위해서, 사람들이 '괜찮아?'라고 묻지 않도록, 나조차 내 마음을 들여다보지 않도록. 아침마다 거울 앞에 서서 생각했다. 오늘은 어떤 내가 되어야 할까. 회사에서는 차분하고 신뢰할 만한 사람, 친구들과는 유쾌하고 재미있는 사람, 연인 앞에서는 사랑스러운 여자.

언제부턴가 나는 상황에 맞는 얼굴을 준비하고 그에 걸맞은 말투와 표정을 연습하며, 진짜 나보다 더 완벽한 가짜 나를 만들어내는 일에 익숙해져 있었다. 그 가면은 참 완벽했다. 환하게 웃고, 열심히 일하며 늘 별일 아니라고 말하는 얼굴. 세상 앞에서 살아남기 위해 내가 배운 생존의 기술이었다. 하지만 언제부턴가 내가 누구인지를 자주 잊게 되었다. 겉으로 보이는 얼굴과 속에서 울고 있는 마음 사이에는 깊고 조용한 틈이 벌어져 있었다.

아침이면 출근하는 직장인의 가면을 쓴다. 회사에 도착하면 능력 있는 책임자로 바뀐다. 점심시간에는 친근한 동료가 되고, 퇴근 후에는 재미있는 친구가 되어야 한다. 이 모든 가면 뒤에 진짜 나는 어디 있을까. 혼자 있을 때 모든 가면을 벗어던지고 나면 텅 빈 느낌이 든다. 회사에서의 나, 친구들 앞에서의 나, 가족 앞에서의 나를 모두 제거하고 나면 대체 누가 남는 걸까.

그러던 중 문득 심리학에서 말하는 페르소나(Persona)가 떠올랐다. 페르소나는 고대 그리스 배우들이 무대에서 쓰던 가면을 뜻하는 말로, 우리가 사회에서 보여주는 여러 얼굴들을 일컫는다. 상황에 따라 바뀌는 나의 모습들, 타인의 기대에 맞춰 만들어낸 사회적 자아인 셈이다. 우리는 사회에서 살아가기 위해 의식적이든 무의식적이든 이 가면을 쓴다. 그렇게 역할에 맞는 얼굴을 바꿔 쓰며 살아간다. 그런데 그 가면은 종종 진짜 나와 조금씩 어긋난다. 오래도록 페르소나에만 기대어 살다 보면 내 마음의 진짜 표정은 점점 흐릿해지고, 어느 순간, 나는 누구일까? 라는 물음 앞에 선 나는, 아무 말도 할 수 없었다.

그런데 어느 날 깨달았다. 이 모든 가면들이 결코 가짜만은 아니라는 것을. 각각의 상황에서 보여주는 내 모습들이 모두 나의 일부분이라는 것을. 문제는 어느 하나의 가면에만 너무 의존하게 될 때다. 그렇다고 가면을 아예 쓰지 말자는 건 아니다. 사회 속에서 살아가려면 어느 정도의 가면은 필요하다. 중요한 것은 균형이다. 가면을 쓸 때와 벗을 때를 구분하는 것, 그리고 무엇보다 가면 아래 숨어 있는 진짜 나를 잊지 않는 것. 가면을 벗는 건 두려운 일이다. 하지만 그 두려움 속에서 나는 비로소 나 자신과 마주한다. 울고 웃고 아파하며 살아가는 그 모든 순간이 바로 나 그 자체다.

가면은 타인을 위한 의상일 뿐, 내 마음의 진짜 표정은 그 너머에 있다. 이런 깨달음과 함께 나는 하루에 한 번씩 혼자만의 시간을 갖기 시작했다. 모든 역할에서 벗어나 그냥 나 자신이 되는 시간. 그 시간 속에서 나는 비로소 깊게 숨을 쉴 수 있다. 오늘도 나는 여러 개의 가면을 준비한다. 하지만 이제 달라졌다. 이 가면들이 나를 숨기는 도구가 아니라 나를 표현하는 다양한 방법의 하나라는 것을 받아들이게 되었다. 그리고 가장 중요한 것은 이 모든 가면 뒤에 있는, 변하지 않는 나 자신이라는 것을. 그냥, 너로 있어도 괜찮아. 그 말 한마디가 나를 진짜 나로 되돌리는 첫걸음이 되었다.

이렇게 가면과의 관계를 새롭게 정의하면서 깨달은 것이 있다. 어떤 가면도 나를 진짜로 위로할 수 없다는 것이다. 진정한 위로는 가면을 벗고 마주한 내 속마음에서 시작된다. 그렇게 가면과 새로운 관계를 맺어가던 어느 날, 가만히 앉아 있는데 참아왔던 눈물이 뺨을 타고 흘렀다. 별일 없는 하루였고 누구도 상처를 주지 않았는데, 마음 한가운데에서 슬며시 고개를 든 무언가가 눈물로 흘러나왔다. 말로 다 하지 못한 마음, 눌러두었던 감정들, 꺼내기 어려웠던 말들이 조용히 뺨을 적셨다.

그 순간 깨달았다. 아, 내가 아직 살아 있구나. 무뎌졌다고 믿었던 내 마음이 이렇게 뜨겁게 반응하고 있구나. 예전의 나는 눈물을 약함이라 여겼다. 참아야 하고 드러내지 말아야 하며 누구 앞에서도 흔들리지 말아야 한다고 나를 다그쳤다. 나는 오랫동안 내 감정에 귀를 닫고 살았다. 하지만 이제는 이해하게 되었다. 눈물은 부끄러운 것이 아니다. 그것은 내가 나에게 정직해지는 순간이고, 억눌렀던 감정들이 드디어 숨 쉴 수 있는 시간이다. 눈물은 회복의 언어다. 그 안에는 오래된 외로움, 삼켜야 했던 분노, 괜찮다고 말하며 알아주길 바랐던 그리움이 담겨 있다.

한 방울, 또 한 방울. 눈물이 흘러내릴 때 나는 나 자신과 다시 연결된다. 눈물은 마음의 문을 여는 열쇠였다. 그 문을 열고 나서야 내가 얼마나 오랫동안 나를 외면했는지 깨닫는다. 파울로 코엘료는 말했다. "눈물은 말하지 못한 마음의 언어다." 그때부터 나는 그 언어를 조금씩 이해하기 시작했다. 슬픔과 그리움과 외로움이 조용히 말 걸어오는 방식에 귀 기울인다. 때론 이유 없이 울고 싶을 때가 있다. 마음이 저릿한 날, 작은 말 한마디에도 속이 복받치는 날. 더 이상 나를 다그치지 않는다. 눈물이 흐르는 대로 내버려둔다. 그 안에 내가 살아 있고 내 감정이 숨 쉬고 있다는 걸 느끼기 때문이다. 울 수 있다는 건 외면하지 않는다는 뜻이다. 감정을 품고 마주하고 세상과 나눌 용기가 내 안에 있다는 증거다. 울고 싶을 땐 조용히 방에 앉아 나에게 말한다. 그래, 정말 힘들었구나.

그럴 수도 있어. 오늘은 울어도 돼. 그 말들이 내 안에서 부드러운 파문을 일으킬 때, 나는 가면을 벗고 나 자신에게 돌아온다.

눈물과 화해한 나에게는 예상치 못한 선물이 기다리고 있었다. 가장 솔직한 순간을 찾게 된 것이다. 그것은 바로 거울 앞에 서는 시간이었다. 처음에는 작은 변화였다. 세수하다가, 화장하다가 거울에 비친 내 모습과 눈이 마주쳤을 때 고개를 돌리지 않게 되었다. 그리고 조금씩, 아주 조금씩 그 시간이 길어졌다. 아침이 오면 나는 거울 앞에 선다. 그리고 조용히, 아주 조용히 거울 속 내게 말을 건다. 오늘 기분은 어때? 예전에는 그럴 수 없었다. 거울 속 내 눈빛과 마주하는 것조차 견디기 어려웠다. 그 눈 속에는 내가 외면하고 싶어 했던 모든 것들이 고스란히 담겨 있었다. 하지만 지금은 다르다. 거울 앞에 서서 나와 눈을 맞출 수 있게 되었다. 거울 속 나는 더 이상 피하고 싶은 존재가 아니다. 하루 중 가장 솔직한 대화를 나눌 수 있는 유일한 상대가 되었다.

난 내가 참 좋다. 이 말을 처음 거울 속 나에게 건넸을 때의 어색함을 지금도 기억한다. 마치 거짓말을 하는 것 같았다. 그런데 신기하게도 그 말을 반복할수록 그 말이 점점 진실이 되어갔다. 누군가의 인정이나 사랑 없이도 내가 충분히 괜찮은 사람이라는 것을, 혼자여도 외롭지 않다는 것을 천천히 받아들이게 되었다. 내가 찾던 나머지 반쪽은 다른 누군가가 아니었다. 그것은 바로 내 안에, 내가 오랫동안 외면해 온 나 자신 속에 있었다.

그렇게 나는 오늘도 거울 앞에 서서, 거울 속 나에게 가장 다정한 목소리로 말을 건다. 그 목소리에는 오랜 시간 내가 누군가에게서 듣고 싶어 했던 모든 따뜻함이 담겨 있다. 내가 가장 듣고 싶어 했던 그 말들을 나 자신에게 해줄 수 있다는 것을, 그리고 그것만으로도 충분히 행복할 수 있다는 것을 알게 되었다. 이제 나는 거울 앞을 지날 때마다 잠시 멈춰 선다. 내 얼굴을 들여다보고 내 눈빛을 확인하고, 때로는 장난스럽게 윙크를 해보기도 한다.

그것은 과도한 자기애가 아니다. 나 자신과의 건강한 관계, 나에 대한 따뜻한 애정의 표현이다. 거울 속 나는 미소 짓는다. 그 미소는 더 이상 억지로 짓는 것이 아니다. 나와 내가 만나는 순간의 진짜 기쁨이다.

혹시 지금 당신도 가면을 쓰고 살아가고 있을지 모르겠다. 그 가면 뒤에 있는 진짜 당신이 얼마나 아름다운지, 당신은 모를 수도 있다. 하지만 그 진실한 얼굴이야말로 세상이 만나야 할 당신의 진짜 모습이다. 가면을 벗는 것은 용기가 필요한 일이다. 하지만 그 용기 뒤에는 더 깊은 자유가 기다리고 있다. 눈물이 흘러도 괜찮고 완벽하지 않아도 괜찮으며, 때로는 무너져도 괜찮다는 자유. 그 자유 속에서 당신은 비로소 당신다워질 수 있다. 지금, 당신의 눈가에 눈물이 맺혀 있다면 그건 당신이 견디고 살아낸 증거다. 그 눈물은 약함이 아니라, 당신이 마음에 다가간 가장 용기 있는 시간이다. 그러니 울어도 된다. 흘러도 괜찮다. 그 눈물 위에 조용히 손을 얹고 이렇게 말해주길. 그동안 정말 고생했어. 이렇게 살아줘서 고마워.

오늘 밤, 거울 앞에 서서 당신 자신에게 말해 보면 어떨까. 안녕, 오늘도 수고했어.

그 한마디가 당신을 진짜 당신에게로 이끄는 첫걸음이 될 것이다. 가면 너머로 흘러내린 눈물이 당신을 가장 진실한 당신과 만나게 해줄 것이다. 인생은 연극이고 우리는 무대 위의 배우라는 말이 맞을지도 모른다. 하지만 막이 내린 뒤, 조용한 무대 뒤에서는 가면을 벗고 편히 쉴 수 있어야 한다. 그곳에서라도 진짜 나로 존재할 수 있어야 한다. 그리고 기억하자. 눈물이 흘러내릴 때마다 우리는 다시 살아 있음을 느낀다.

그것이 우리에게 주어진 가장 진솔한 증거니까.

12장
내 안의 목소리가 나를 살리는 순간

"내 안에 쌓여 있던 말들이 조용히 목소리를 내기
시작할 때, 비로소 나는 한 걸음 더 나아갈 수 있었다."

우리는 모두 시한부 인생을 살고 있다. 내일 무슨 일이 일어날지, 사랑하는 이와의 마지막 인사가 언제일지 아무도 모른다. 나는 오늘 내 안에 쌓여 있던 말들을 꺼내는 연습을 시작하려 한다. 어릴 적부터 나는 많은 말을 삼켰다. 말하면 더 아플까 봐, 누군가가 나를 미워할까 봐, 그냥 내가 참으면 될 것 같아서. 어느 순간 내 감정의 언어를 잃어버렸다. 말하고 싶어도 말이 나오지 않았고, 나조차 내 마음이 어떤지 모를 때가 많았다.

그러던 어느 날, 조용한 방 안에서 나는 나에게 말을 걸어보았다. 힘들지? 괜찮아. 넌 잘못 없어. 처음엔 어색하고 서툴렀다. 하지만 그 말이 내 안에서 낮고 깊은 울림으로 퍼져나갔다. 오랫동안 잠들어 있던 내 마음이 깨어나는 듯했다. 힘들고 어려울 때, 마음이 흔들릴 때, 절망 앞에 설 때, 우리 안의 목소리는 어김없이 나타나 말을 건넨다. 그 말은 두 가지 얼굴을 하고 있다. 첫 번째는 상처받은 채로 굳어버린 목소리다. 이럴 줄 알았어. 어쩐지 되는 일이 없더라. 난 해도 안 돼. 다 그런 거다. 이 목소리는 조용히 자신을 깎아내린다. 오래전부터 실패가 정해진 운명이라도 된 듯 스스로를 낙담시키고 체념하게 만든다. 내가 원래 이런 사람이야. 라는 서글픈 서사로 지금의 나를 묶어둔다. 이런 목소리는 나를 보호하려는 또 다른 방식일지도 모른다. 미리 실망하게 해 더 큰 좌절을 막고, 기대를 낮춰 상처받을 확률을 줄이려는. 그러나 보호막은 동시에 감옥이 되어 가능성의 문을 스스로 잠가버린다.

두 번째는 인정과 다정함의 목소리다. 아… 다쳤네. 내가 좀 서툴렀구나. 조금만 더 조심할걸. 그래도 이만하길 다행이야. 다음엔 더 조심하자. 이 목소리는 실패를 탓하지 않는다. 넘어진 나를 받아들이고 다시 일어설 수 있는 여지를 남긴다. 자신에게 손을 내밀어주는 따뜻한 동반자다. 회복과 변화의 언어로 날 다시 앞으로 나아가게 한다. 이런 목소리를 가진 사람들은 무너져도 금세 일어선다. 그들에게 실패는 끝이 아니라 과정이고, 좌절은 멈춤이 아니라 잠깐의 쉼표다. 그들은 자신에게 가혹하지 않기에 더 멀리 갈 수 있는 힘을 얻는다.

살다 보면 우리는 자주 혼잣말하게 된다. 그 혼잣말은 그냥 흘려보내는 말이 아니다. 그 말의 유일한 청자는 바로 나 자신이다. 나 왜 이렇게 되는 일이 없지…. 하늘을 향한 하소연처럼 들리지만, 사실은 우주에 보내는 소원처럼 작용하기도 한다. 우리 모두에게는 하나의 수호신이 있는 것 같다. 태어날 때부터 함께 하는, 내 곁을 지키는 존재. 그 수호신은 참 순진하다. 말을 구분하지 못한다. 좋은 말인지 나쁜 말인지 모른 채 그저 내가 반복해서 말한 것을 소원이라 믿고 그 방향으로 나를 이끌 뿐이다.

"난 안 돼, 나는 항상 실패해."라는 말은 수호신에게 "그대로 되게 해줘."라는 주문처럼 들린다. 반대로 "나는 할 수 있어. 잘 될 거야."라는 말은 나를 지키는 신이 움직이는 언어가 된다. 말은 씨가 된다고 했다. 내가 뱉은 말은 공중으로 사라지지 않고 내 안에 뿌리를 내린다. 언젠가는 그 모습 그대로 피어난다. 부정의 씨앗을 뿌리면 절망의 꽃이 피고, 희망의 씨앗을 뿌리면 가능성의 나무가 자란다. 내가 자주 하는 말이 현실이 되어 내 앞에 나타난다. 마치 우주가 내 말을 소원으로 알아듣는 것처럼.

 "아, 짜증이 나!"라고 아침부터 외치면 하루 종일 짜증 날 일들이 줄줄이 나타난다. 지하철은 연착되고 커피는 쏟아지고 상사는 까칠해진다. 우연일까? 아니면 내가 그런 렌즈를 끼고 세상을 보기 때문일까? 반대로 "오늘 좋은 일 있을 것 같아."라고 중얼거리며 나서는 날엔 작은 행운들이 찾아온다. 버스가 딱 맞게 오고 좋아하는 빵이 마지막 하나 남아 있고 오랜 친구에게서 반가운 연락이 온다. 분명한 건, 내 말이 내 마음의 주파수를 결정한다는 것이다. 그 주파수가 세상을 받아들이는 방식을 바꾼다. 부정적인 말을 자주 하면 부정적인 것들만 눈에 들어오고, 긍정적인 말을 하면 긍정적인 가능성이 보이기 시작한다. 혼잣말이 중요한 이유다. 아무도 듣지 않는다고 생각하는 그 말을 사실은 가장 중요한 사람이 듣고 있다. 바로 나 자신이.

 어린 시절의 나는 어른들의 말을 그대로 받아들이며 때로는 그들의 불안까지 고스란히 내재화했다. 너는 조심성이 없어. 너는 원래 그래. 라는 말들이 어느새 내 목소리가 되어 있었다.

지금은 안다. 내가 나에게 건네는 말이 결국 내 삶의 방향이 된다는 것을. 말은 단순한 소리가 아니라 내 인생을 설계하는 청사진이라는 것을. 나는 이제 부정의 예언자가 아닌, 내 삶을 이끄는 다정한 이야기꾼으로 살아간다. 가끔 옛날 목소리가 고개를 들기도 한다. 그럴 때면 나는 그 목소리를 무시하거나 억누르지 않는다. 대신 다정하게 말을 건넨다. 그래, 네가 나를 지키려고 그러는 거구나. 고마워. 이제는 내가 나를 다르게 돌봐볼게. 그러면 그 목소리도 조금씩 부드러워진다. 경직된 보호자에서 따뜻한 동반자로 변해간다.

내 안의 목소리를 바꾸는 일은 생각보다 단순하다. 거창한 변화가 필요한 것도 아니다. 나에게 하는 말을 조금씩 바꿔나가면 된다. "나는 안 돼."를, "나는 아직 서툴러."로 "나는 원래 그래."를 "나는 지금 배우고 있어."로 "어차피 안 될 거야."를 "해보지도 않고 어떻게 알아"로. 작은 변화처럼 보이지만 이 한마디 한마디가 모여 내 인생의 이야기를 다시 쓴다. 피해자의 서사에서 주인공의 서사로, 체념의 이야기에서 가능성의 이야기로. 우리는 모두 자신의 이야기를 쓰는 작가다. 그리고 그 이야기의 첫 독자이기도 하다. 슬픈 이야기를 쓸 것인가, 희망찬 이야기를 쓸 것인가. 선택은 언제나 나에게 있다.

나에게도 눈치를 보며 살았던 시간이 있었다. 너무 슬퍼하지 마, 너무 말하지 마, 너무 기대하지 마. 이제는 안다. 나에게조차 눈치를 보며 살아서는 안 된다는 것을. 나는 내 마음을 들을 수 있는 사람이 되어야 한다. 말하지 않으면 마음은 점점 멀어지고 감정은 굳어버린다. 내가 해야 할 일은 내가 나에게 다가가는 일이다. 모든 기적은 작은 의지에서 시작된다. 내가 나를 믿어주는 그 순간, 내 마음은 나에게 돌아온다. 슬픔을 억지로 지우려 할수록 기억은 더 생생해졌다. 잊으려 할수록 마음은 더 선명해졌다. 나는 내 마음을 억누르지 않고 조심스레 꺼내기로 했다. 그동안 수고했어. 울고 싶은 날에 울지 못했던 너도, 웃는 얼굴 뒤에 숨었던 너도 이제는 괜찮아. 그날 밤, 나는 나를 다독이며 말했다. 힘들지? 괜찮아. 넌 잘못 없어. 오늘도 잘 살아냈어. 내일도 잘 살아보자. 이것이 내가 나에게 들려주는 목소리였다. 소리 없는 위로, 가장 가까운 용기. 그것이 내가 나를 사랑하는 방식이었다.

내 안에는 여전히 꺼내지 못한 마음들이 남아 있다. 아무에게도 말하지 못했던 이야기들, 입술 끝에서 맴돌다 삼켜야 했던 말들. 누구에게도 온전히 내 마음을 내어줄 수 없었던 시간 속에서 나는 침묵을 선택했고 감정보다 의무를 우선했다. 그때의 나는 몰랐다. 말하지 못한 마음들이 쌓이면 나를 무겁게 짓누른다는 것을.

힘들다. 지쳤다. 그 말에 상처받았다. 그 어떤 말도 쉽게 입에 담을 수 없었다. 누군가에게 털어놓을 용기도, 그 말을 다정히 안아줄 누군가도 믿지 못했다. 나는 소리 없이 하루를 버텼다. 언젠가부터 그 말들이 내 안에서 꿈틀거리기 시작했다. 너무 오래 갇혀 있던 감정들이 숨을 쉬고 싶다며 문을 두드렸다. 괜찮지 않았어. 그때 외로웠어. 사실, 서러웠어. 짧은 말이었지만 그 안엔 수많은 밤과 눈물, 고요한 아픔이 담겨 있었다. 그 한마디를 꺼내기까지 얼마나 많은 용기가 필요했는지 나는 누구보다 잘 안다. 말이란 그런 것이다. 너무 오래 감춰두면 감정은 무덤이 되고, 조심스레 꺼내어 말로 붙잡을 때 치유가 된다.

나는 이제 조금씩 배워간다. 내 마음에 말을 거는 법, 외면했던 감정을 다정한 눈으로 바라보는 연습, 말하지 못했던 이야기들을 품고 꺼내주는 용기를. 그 연습은 나를 향한 말 한마디에서 시작되었다. 힘들었지? 그래도 잘 견뎠어. 오늘도 애썼다. 누군가의 인정이나 위로가 없어도 그 말들은 내게 큰 힘이 되었다.

내가 나에게 들려주는 목소리, 내 안의 진심이었다. 말하지 못한 감정들이 말과 문장이 되면서 나는 나를 다시 만났다. 말은 나 자신과의 관계를 회복하는 첫걸음이었다.

그러다 어느 날, 문득 이런 말을 만났다. "상처가 있는 그 자리를 통해 빛이 들어온다." 페르시아의 시인 '루미'가 오래전 나에게 보내온 편지처럼 느껴졌다. 나는 그 문장을 조용히 되뇌었다. 상처가 빛이 들어오는 통로라면, 지금까지 말하지 못한 내 마음도 언젠가 빛을 품게 될까. 그제야 나는 알게 되었다. 내 안에 쌓인 말들은 상처의 틈 사이로 스며들어 조용히, 천천히 나를 다시 살리고 있었다는 것을. 말은 흘러나오지 않아도 존재했고, 언젠가 꺼내질 그날을 기다리며 내 안에서 숨 쉬고 있었다는 것을. 나는 매일 밤 나에게 질문을 던진다.

괜찮아? 그 짧은 물음 하나로 나는 오늘도 나와 함께 살아가고 있다. 내가 나의 마음을 가장 먼저 물어주는 사람, 그런 사람이 되어주고 싶었다. 말은 당신을 살리는 언어다. 침묵 속에서조차도 고요히 당신 안에서 길을 찾는 빛이다. 당신이 지금 말하지 못한 이야기를 품고 있다면 부디 그 감정을 외면하지 않았으면 한다. 아무도 들어주지 않더라도 당신 자신만은 그 말을 끝까지 들어줄 수 있는 사람이 되었으면 한다. 그리고 언젠가 당신의 말이 다른 누군가에게도 조용한 위로가 될 수 있었으면 한다. 말은 살아 있는 생명처럼 우리 안에서 자라고 있다. 당신의 말이 빛을 기다리며 그렇게 살아가고 있다. 내 안의 목소리를 듣는 일은 용기가 필요한 일이다. 그 목소리가 당신을 가장 진실한 곳으로 이끌어갈 것이다. 오늘도 당신 안에서 조용히 기다리는 그 말들에게 귀 기울여보았으면 한다. 그 목소리가 바로 당신을 살리는 가장 소중한 언어일 테니까.

  오늘도 나는 나에게 말을 건넨다. 다정하고 따뜻한 목소리로. 내 안의 이야기꾼이 들려주는 말이 내일의 나를 만들어갈 것을 알기에.

3부

다시, 시작할 수 있는 사람

13장
나는 지금, 서툴지만 피는 중

✦
✦
✦

"서툴고 완벽하지 않아도 괜찮다. 나는 지금,
나만의 속도로 피어나고 있으니까."

어릴 적, 가장 듣기 싫었던 말들이 있다.
"너, 엄마 어디 계시니?"
"부모님 모시고 오세요."
그 말들은 어린 내 가슴 깊숙이 날카로운 가시처럼 박혀 들었다. 지금도 그 순간을 떠올리면 마음 한쪽이 스르르 서늘해진다. '어미 아비 없어서 저 모양이구나.' 이런 말을 들을까 봐 늘 가슴을 졸였다. 부모 없는 아이라는 꼬리표가 나를 설명하는 전부가 될까 봐 두려웠다. 애써 더 밝고 더 성실하고 더 부지런한 아이가 되려고 했다. 힘든 상황에서도 초등학교 6년, 중학교 3년 개근상을 받았다. 몸이 아파도 마음이 힘들어도 결석하지 않았다. 누구에게도 내색하지 않고 조용히 버텼다. 음식도 마찬가지였다. 처음엔 살기 위해, 나중엔 누군가를 따뜻하게 해주고 싶어서 정성을 다해 배웠다. 이제는 누구에게나 내어놓을 수 있을 만큼 능숙해졌다. 모든 노력은 완벽해야 살아남을 수 있다. 말이 보이지 않는 명령에 가까웠다. 흠 하나 없이 살아야 세상 앞에 당당할 수 있을 것 같았다. 돌아가신 부모님께 누가 되어서는 안 되었다. 더 잘 살아야 했다. 그들의 빈자리를 내가 채울 수 있을 것 같았다.

오랫동안 나는 완벽해지고 싶었다. 흠이 잡히지 않고 누구에게도 실망을 주지 않는 사람, 완벽한 엄마, 완벽한 딸, 완벽한 사람, 누구도 불편하지 않게 누구도 상처받지 않게 늘 웃으며 제 역할을 해내는 사람이 되고 싶었다. 완벽해지려 애쓸수록 나는 점점 나 자신과 멀어졌다. 실수하지 않으려 긴장했고 무너질 틈조차 허락하지 않으려 애썼다. 마음 안에는 늘 불안이 자리했다. 기대에 미치지 못할까, 사랑받지 못할까 하는 두려움이 나를 좀 먹고 있었다.

 삶은 마치 오리 같았다. 겉으론 한가롭고 평온해 보이지만 물 밑에선 쉼 없이 발을 휘젓는 오리처럼, 보이지 않는 곳에서 나는 치열하게 살았다. 우아하게 떠 있는 삶처럼 보여도, 사실은 무너질 듯 버티며 살아온 시간이었다. 그 치열함이 있었기에 지금의 내가 있을 수 있었다. 삶은 보이지 않는 노력 위에 쌓이고, 겉으로 드러나는 평화는 내면의 불꽃 같은 열정과 인내에서 비롯된다. 어느 날 마음이 도저히 견딜 수 없을 만큼 버겁고 막막했다. 누구에게도 털어놓을 수 없는 외로움과 말없이 밀려드는 무기력감. 나는 깨달았다.

 지금이 내 인생의 데드포인트구나. 마라톤을 뛰는 사람이라면 한 번쯤은 반드시 마주하게 되는 순간이 있다. 바로 데드포인트. 이제 정말 못 뛰겠다. 몸은 점점 무거워지고 숨은 턱 끝까지 차오르고 다리에 힘이 빠져 휘청이기 시작하는 지점이다. 신기하게도, 그 고비를 딛고 나면 다시 호흡이 고르게 돌아온다. 통증은 조금씩 무뎌지며 묘한 리듬이 몸 안에서 되살아난다. 체력의 회복이라기보다 의지의 깨어남에 더 가깝다. 그 순간은 나를 무너뜨리기 위해 오는 것이 아니라 내 안의 또 다른 힘을 깨우기 위한 관문이다. 비틀거리는 순간에도 단 한 걸음만 더 내디딜 수 있다면, 나는 조용히 내 안의 나에게 속삭였다.

　괜찮아. 여기까지 온 것도 대단해. 조금 느려도, 충분히 잘하고 있어. 다정한 말 하나가 다시 삶의 리듬을 불러오고 조금씩 무너졌던 마음에 온기를 채웠다.

　자연에서 비바람을 맞지 않고 피는 꽃이 있을까? 어떤 꽃은 햇볕 좋은 곳에서 먼저 피고, 어떤 꽃은 그늘진 자리에서 천천히 피어난다. 꽃은 향기를 겨루지 않는다. 일찍 핀 꽃은 먼저 지고, 늦게 핀 꽃은 오래도록 향기를 품는다. 마음이 조급할 때면 나는 나에게 말한다.

　너는 지금, 피는 중이야. 조금 늦는다고 해서 잘못된 길은 아니야. 호두나무 씨앗 한 알을 땅에 심으면, 첫 열매를 만날 때까지 적어도 7년에서 10년을 기다려야 한다. 몇 개 안 되는 작은 열매에 불과하다. 바구니 가득 호두를 담을 수 있을 만큼 풍성해지려면 15년에서 20년을 더 참아야 한다. 나무가 진정한 어른이 되어 넉넉한 그늘과 풍요로운 열매를 선사하기까지는 30년에서 40년, 한 세대를 훌쩍 넘는 시간이 필요하다. 호두나무 아래에는 늘 긴 기다림의 이야기가 서려 있다. 단 한 번도 왜 이렇게 늦게 열매를 맺느냐? 라고 꾸짖는 사람은 없다. 나무의 리듬에 맞춰 기다릴 뿐이다.

사람도 마찬가지다. 모두 각자의 속도로 자라고 자기만의 계절에 피고 열매를 맺는다. 이 사실을 알게 되니 나는 덜 조급해졌다. 실수도, 실패도 있을 수 있다는 걸 받아들일 수 있게 되었다. 사람들은 이혼을 실패라고 한다. 나에게는 가장 성공적인 선택이었다. 가장 불행한 삶은 헤어지고 싶어도 헤어지지 못하고 사는 것이다. 시간만 낭비하며 삶이 멈춘 것처럼 의욕 없이 사는 것. 그것이 진짜 실패가 아닐까.

결혼은 나를 지워가는 시간이었다. 끊임없이 맞춰야 했고 이해받지 못했으며 함께 있어도 혼자였다. 선택하지 못하고 견디며 산다면 얼마나 고통스러울까. 이혼 후 나는 비로소 숨을 쉬었다. 이혼은 실패가 아니라 과정이었다. 내게 나를 돌려준 과정이었고 나를 사랑하는 법을 가르쳐준 과정이었다. 실패가 아닌, 어디로 향할 것인가의 문제였다. 결혼이 실패라면 이혼은 분명한 성공이다. 실패는 부끄러운 일이 아니다. 오히려 진짜 성공은 실패 속에서 다시 걸어 나오는 힘에서 비롯된다. 프랑수아 케네는 이렇게 말했다.

"실패를 말하지 않는 것은, 성공을 뽐내는 것보다 위험하다."

실패를 숨기는 순간, 나는 실패에 지고 만다. 실패를 인정하고 말하는 순간, 나는 실패에서 자유로워진다. 완벽해지려는 마음 때문에 나는 나를 너무 자주 몰아세웠다. 성격이 급해서 실수도 잦았고 후회하는 순간도 많았다. 무언가를 한 번 확인하고도 이게 맞을까? 하며 나를 믿지 못했다. 이제는 안다. 나를 아는 것이 최대의 지혜라는 것을. 실수는 나를 더 깊이 들여다보게 하고 넘어짐은 다음 걸음을 더 조심하게 한다. 흔들리고 무너지는 진심을 드러낼 용기, 바로 그것이 진짜 강함이다.

예전엔 실수 하나에도 며칠을 자책했지만, 지금은 그럴 수도 있지, 하며 나를 다정히 토닥인다. 어떤 날은 여전히 서툴고 지치고 아무것도 하기 싫다. 그런 때면 나는 말한다. 오늘은 좀 힘들었구나. 그래도 수고했어. 오늘 좀 모자랐다고, 오늘 일이 잘 안 풀렸다고 해서 실패는 아니다. 우리는 지금 오늘이라는 하루를 처음 살아내는 중이다. 완벽할 수 없는 게 당연하다. 나를 힘들게 하지 말자. 오늘 하루 그 자체로 충분했으니까.

어느 날 마음이 무거워 아무것도 하지 못했던 날, 나는 조용히 일기를 썼다.

오늘 하루는 참 힘들었다. 아무 일도 하지 못했고 자꾸만 마음이 무거워졌다. 그래도 나는 오늘을 살아냈다. 그걸로 충분하다. 오늘의 나는 참 잘했다. 그 글을 읽으며 눈물이 났다. 아무도 몰랐지만 나는 나를 알아봤다. 나는 나를 인정했고 나를 안아주었다.

마음 한쪽 편에서 질문이 들렸다.

왜 그렇게 완벽해지려고 애썼니? 나는 조용히 고백했다. 사랑받고 싶었어. 그 대답을 받아들인 순간, 완벽에 대한 집착이 힘을 잃었다. 결국 우리가 바라는 건 완벽해지는 것이 아니라 있는 그대로 사랑받는 것이었다. 진심을 인정하자 마음이 한결 가벼워졌다. 더 이상 완벽하지 않아도 괜찮았다. 오히려 완벽하지 않기에 더 진실한 사람이 되어가는 중이다.

두려움이 찾아올 때면 프랭클린 루스벨트의 말을 떠올린다. "오직 한 가지 두려워해야 할 일은, 두려움 그 자체이다." 두려움은 대부분 실체 없는 그림자였다. 작은 희망이 큰 절망을 이기듯 사랑은 언제나 두려움보다 강하다. 우리는 이미 수많은 데드 포인트를 지나온 사람들이다. 넘어졌던 날, 주저앉았던 밤, 모든 순간을 견뎌낸 덕분에 지금의 내가 여기 있다. 때로는 단지 포기하지 않는 마음 하나면 충분하다. 어쩌면 이건 완벽에 대한 집착이 아니라 나를 지키고 싶은 다정한 고집일 것이다. 내일은 또 다른 시작이다. 조금 서툴렀던 오늘을 다독이고 내일을 다시 한 번 믿어보자. 너는 오늘도 잘 살아냈으니까. 정말 충분하다. 이제 나는 누군가의 시선이 아닌 내 눈으로 나를 본다. 조금 부족해도 조금 느려도 나답게 살아가는 삶이면 충분하다.

지금, 이 순간, 후회로 가득한 하루를 보내고 있다면, 자신을 탓하고 있다면, 이 말을 전하고 싶다. 지금, 이 모습으로도 충분해. 그 말 한마디가 굳어 있던 마음을 풀어주고 차가운 숨결을 따뜻하게 데워줄 것이다. 오늘도 나는 나에게 다정히 말한다.

수고했어. 완벽하지 않아도 실수해도 넌 참 괜찮은 사람이야. 지금, 이 글을 읽는 당신에게도 진심으로 전한다. 당신은 지금 이대로도 충분히 잘하고 있다. 이 모습 그대로도 참 소중하고 아름다운 사람이다. 서툴고 부족해도 괜찮다. 때로는 넘어져도, 잠시 멈춰 서도 괜찮다. 중요한 것은 포기하지 않는 마음, 다시 시작할 수 있는 용기다. 당신도 지금 당신만의 속도로 피어나고 있다. 조금 늦어도, 조금 다른 길을 걸어도 괜찮다. 당신의 꽃은 당신만의 시간에 가장 아름답게 필 테니까. 오늘 하루도 살아낸 당신, 정말 수고 많았다.

14장

처음, 그 떨림의 온도

✦
✦
✦

"새로운 시작 앞에 서면 누구나 두렵고 흔들리지만,
그 불안이야말로 진짜 용기의 증거다."

처음 혼자 해외여행을 결심했을 때의 일이다. 설렘과 불안이 파도처럼 밀려왔다. 낯선 도시, 익숙하지 않은 언어, 모든 것을 스스로 감당해야 한다는 막막함이 가슴을 짓눌렀다. 혼자 여행 간다는 말은 듣기엔 멋있지만, 막상 떠나려니 마음 한구석이 파르르 떨렸다. 그 두근거림이 어쩌면 여행의 진짜 시작이었을 것이다. 불안은 설렘의 또 다른 이름이었고, 두려움은 기대의 뒷면이었으니까.

마흔네 살, 처음으로 파리에 갔던 날이 떠오른다. 파리 샤를 드골 공항에 내린 순간부터 온몸이 식은땀으로 적셔졌다. 말이 통하지 않는 나라에서 핸드폰 유심 하나조차 거대한 벽처럼 느껴졌다. 파리 시내까지는 1시간이 넘는 거리였다. 어디서 표를 사고 어떻게 가야 하는지 모든 게 처음이었다. 그때 멀리서 아기를 안고 다가오는 한 여인이 조심스레 말을 걸었다. "파리 시내 가세요?" 낯선 땅에서 만난 작은 기적 같은 목소리였다.

주소를 보여주자, 그녀가 표를 대신 끊어 주었다. 하지만 더 막막한 것은 어디서 타고 어느 방향으로 가야 하는지 모른다는 사실이었다. "저 따라오세요. 제가 내리면 세 정거장 더 가서 내리시면 돼요." 그녀의 눈빛에는 다정한 온기가 서려 있었다. 나는 준비해 온 한복 원단 동전 지갑과 부채를 꺼내 감사의 마음과 함께 건넸다. 그녀는 남편의 프랑스 발령으로 3년째 이곳에 산다고 했다. 낯선 곳에서 처음 엄마가 되었을 그 시간의 두려움이 붉어진 눈시울에서 고스란히 느껴졌다. 숙소까지는 한 시간이면 갈 거리였지만 나는 두 시간을 넘겨서야 도착했다. 하지만 늦어도 괜찮았다. 목적지에 도착했다는 것만으로도 충분했다.

인생은 속도가 중요한 게 아니야. 방향이 중요하지. 그 말을 되뇌며 가방을 내려놓고 가장 먼저 에펠탑을 보러 나갔다. 책과 영화 속에서만 보던 그 탑을 내 눈으로 마주했다.

"10년 안에 좋은 사람과 함께 이곳에 다시 오자."

어느덧 그 약속의 10년이 다 되어간다. 그리고 올해 나는 그 약속을 지키려 프랑스 일주를 떠난다, 혼자서. 이제는 안다. 좋은 사람을 기다리는 대신 내가 좋은 사람이 되었기에 혼자라도 충분하다는 것을. 혼자 밥을 먹는 게 자연스러운 나라들에서 혼밥은 당연한 문화였다. 누구에게 맞출 필요 없이 오롯이 나만의 시간을 살아내는 것, 혼자 걷는 거리, 혼자 마시는 커피, 혼자 바라본 풍경. 그 모든 순간이 나 자신과 마주하는 가장 진실한 시간이었다. 우리는 때로 자신도 모르게 남에게 맞춰 살아간다. 진짜 원하는 것을 놓치면서. 나 역시 오래도록 그랬다. 그래서 처음이 늘 두려웠고, 사람들이 걸어온 길을 따라 걷는 것이 더 안전하다고 믿었다. 하지만 혼자 떠나는 여행은 단순한 여행이 아니었다. 내 삶에 색을 더하고 용기를 선물해 준 특별한 경험이었다. 처음이라는 단어는 언제나 마음 한쪽을 조용히 건드린다. 설렘과 긴장, 기대와 두려움이 뒤섞여 가슴 어딘가를 찌릿하게 한다. 무언가를 새롭게 시작할 때마다 나는 늘 그 앞에서 작아졌고 한발 물러서곤 했다.

내가 이걸 잘 해낼 수 있을까? 괜히 시작한 건 아닐까? 혹시 상처만 남으면 어쩌지?

수없이 반복되는 물음들 속에서 내 마음은 나아가야 할 방향보다 지금의 불안을 먼저 들여다보았다. 하지만 지금 돌아보면 그 망설임조차 내게는 다정한 마음이었다. 나는 나를 아끼고 있었고, 서두르지 않고 내 속도를 지켜주려 애쓰고 있었다. 흔들리는 마음은 실패의 전조가 아니다. 그것은 내가 이 순간을 소중히 생각하고 있다는 증거다. 불안하다는 것은 그만큼 마음을 다하고 있다는 뜻이고, 두려워한다는 것은 그만큼 간절하다는 뜻이다.

넬슨 만델라는 말했다. "진짜 용기는 두려움이 없는 것이 아니라, 두려움을 안고서도 나아가는 것이다." 나 역시 그랬다. 가보지 않은 길 앞에 섰을 때 매번 불안했고, 그 불안은 늘 내 손을 꼭 붙잡고 있었다. 하지만 이제는 안다. 그 불안은 나를 무너뜨리려는 것이 아니라 내 마음을 더 깊이 들여다보게 한 다정한 길잡이였다는 것을. 그래서 이제는 그 불안을 밀어내지 않는다. 다정한 목소리로 속삭인다. 그래, 지금 많이 두렵구나. 그렇지만 우린 함께 갈 수 있어. 그렇게 내 안의 불안과 설렘이 손을 맞잡고 한 걸음씩 걸어왔다. 때로는 돌아가기도 하고 너무 무서워 잠시 멈추기도 했지만, 나는 단 한 번도 나 자신을 완전히 포기하지 않았다. 그것이 결국 가장 단단한 용기였다. 처음은 언제나 낯설고 어렵다. 누군가는 그 불안을 잘 숨길 뿐, 떨림까지 없앤 사람은 없다. 그러니 조급해하지 말자. 천천히 해도 되고 몇 번쯤 멈추거나 주저앉아도 괜찮다. 중요한 것은 그 모든 순간에도 여전히 나아가고 있다는 것이다.

  지금도 새로운 시작 앞에서 마음이 조용히 떨려온다면, 나는 나에게 이렇게 말하고 싶다.

  그래도 해보자. 지금 이 떨림이 언젠가 내 가장 빛나는 순간이 될 테니까. 그리고 무엇보다 지금 이 불안하고 낯선 길 위에서 비틀거리며 걷고 있는 지금의 나를 믿어주고 싶다. 살면서 우리는 앞으로도 수많은 처음 앞에 서게 될 것이다. 다시 흔들리고 다시 무서워할 것이다. 그럴 때마다 나는 또 나에게 조용히 말해 줄 것이다. 괜찮아, 이번에도 우린 해낼 거야. 조금 느려도, 아직 익숙하지 않아도 지금, 이 모습 그대로 괜찮아.

  그 말을 따라 걷는 나의 걸음은 더 이상 남의 속도가 아닌 나의 속도로 살아가는 삶이다.

  생각해 보면 우리는 참 성급하게 삶을 나누려 한다. 행복하냐 불행하냐, 성공했느냐 실패했느냐, 좋으냐 나쁘냐. 마치 세상에 오직 두 가지 색만 존재하는 것처럼. 하지만 진짜 삶은 그렇게 단순하지 않다. 기쁨 속에서도 아련함이 스며들고, 슬픔 한가운

데서도 따뜻한 온기를 만난다. 웃고 있으면서도 마음 한편이 시린 날이 있고, 울고 있는데도 어딘가 평온한 순간들이 있다.

그런데 언제부터인가 우리는 '처음'을 무시한 채 결과만 이야기한다. 누군가의 성취를 보며 역시라고 말하지만, 그 사람이 처음 시작할 때의 떨림은 기억하지 않는다. 분명 우리도 알고 있었다. 처음이 가장 어렵고 힘들다는 것을. 그 첫걸음이 얼마나 많은 용기를 필요로 하는지. 하지만 어느 순간부터 그 기억을 잊은 채 시작이라는 과정은 없었던 것처럼, 오직 결과만이 중요하다고 생각하게 되었다. 마치 모든 일이 처음부터 완벽했던 것처럼. 그래서 지금의 나는 더욱 간절히 말하고 싶다. 결과도 물론 소중하지만, 그보다 더 아름다운 것은 그 결과를 일궈낸 수많은 처음이다. 떨리는 마음으로 내디뎠던 첫걸음들, 두려움을 안고도 시작했던 그 순간들이야말로 진짜 삶의 빛이다.

우리 모두에게는 그런 처음이 있었다. 그리고 그 처음들이 모여 지금의 우리를 만들었다.

처음 혼자 떠났던 그 여행도 그랬다. 두려움과 설렘이 손을 맞잡고 있었고, 외로움과 자유로움이 나란히 걸어갔다. 그 모든 감정이 뒤섞인 채로도 나는 행복했다. 아니, 그 모든 감정이 뒤섞여 있었기에 더욱 생생하고 진실한 행복이었을 것이다. 회색빛 새벽도, 파란 밤의 고요도, 노을의 따스한 주황빛도 모두 삶의 진짜 모습이다. 완벽하지 않아도 괜찮다. 선명하지 않아도 괜찮다. 때로는 흐릿하고 애매한 그 모든, 순간들이 우리 삶을 더욱 풍요롭게 만들어준다.

흔들려도 괜찮다. 두려워도 괜찮다. 지금, 이 순간 당신이 느끼고 있는 모든 감정은 당신이 살아 있다는 증거이자, 그 자체로 충분히 용감하다는 이야기다.

지금 이대로도 충분히 잘하고 있다. 불안한 걸음 속에서도 당신은 여전히 빛나는 사람이다. 처음이라는 순간은 늘 떨림과 두려움을 동반한다. 온몸의 온도가 갑자기 치솟는 듯한 뜨거운 파장으로 밀려온다. 준비되었다고 믿었지만, 막상 그 앞에 서면 심장이 먼저 반응하고 온도가 먼저 말을 건다. 처음 앞에서 흔들리는 것은 자연스러운 일이다. 그 떨림을 껴안고 한 걸음씩 내딛는 것, 그것이야말로 진짜 용기다.

지금 새로운 시작을 앞두고 두려워하고 있는 당신에게 말하고 싶다. 그 떨림은 잘못된 것이 아니다. 그것은 당신이 이 순간을 소중히 여기고 있다는 증거다. 완벽하게 준비될 때까지 기다리지 말라. 완벽한 순간은 없다. 다만 지금, 이 순간이 당신에게 주어진 가장 완벽한 시작점이다. 당신의 불안도 설렘도 모든 망설임도 괜찮다. 그 모든 것이 당신을 더욱 단단하고 지혜로운 사람으로 만들어갈 테니까. 천천히 가도 괜찮다. 당신만의 속도로, 당신만의 방식으로 걸어가면 된다.

결국 처음이라는 것은 우리가 살아가는 방식 그 자체인지도 모른다. 새로운 하루를 맞는 것도, 누군가와 인사를 나누는 것도, 길 위에서 마주치는 모든 순간들도 그 나름의 처음이니까.

그 처음들 앞에서 우리는 때로 위축되고 때로 설레고 때로 두려워한다. 하지만 그 모든 감정이 우리를 더욱 인간답게 만들어준다는 것을 이제는 안다. 10년 전 파리에서 나에게 조용한 위로와 시작을 건넸던 그 여인처럼, 어쩌면 나도 지금 누군가에게 그렇게 다가가고 있는 건 아닐까. 낯선 곳에서 헤매는 누군가에게 따뜻한 말 한마디를 건넬 수도 있고, 처음을 두려워하는 누군가에게 괜찮다,라는 격려를 보낼 수도 있을 것이다.

그렇게 우리의 처음들은 서로 연결되고 서로를 위로하며 더 큰 용기로 자라난다. 그 첫 떨림은 잊히지 않고 마음 어딘가에 오래도록 머물 것이다. 하지만 그 떨림 속에서 우리가 발견하는 것들은 점점 더 많아질 것이다. 두려움 속에서 만나는 용기, 불안 속에서 피어나는 희망, 혼자라고 생각했던 순간에 만나는 따뜻한 손길들. 그러니 지금 처음의 문턱에 선 당신도 그 떨림을 품고 조용히 내디뎌보라. 언젠가 그 첫걸음이 당신을 지켜주는 기억이 될 것이다.

처음이라서 더 조심스럽고, 그래서 더 아름답다. 조급하지 말자. 당신만의 속도와 방식으로 천천히 걸어가라. 길 위에서 만나는 모든 순간이 결국 당신을 가장 아름답게 빛내줄 것이다.

처음의 떨림은 스쳐 지나가는 감정이 아니다. 그 떨림은 오래도록 나를 살아 숨 쉬게 한다. 떨림 속에서 우리가 발견하는 소중한 것들은 점점 더 많아질 것이다. 시작이라는 건 언제나 따뜻한 온도를 품고 있으니까.

15장
내가 내 편이 되어주는 시간

✦
✦
✦

"나를 사랑하는 첫걸음은, 남이 아닌 나를 먼저 챙기고,
나의 마음을 먼저 안아주는 데서 시작된다."

나는 오랫동안 나를 미뤄두고 살아왔다. 늘 타인의 시선이 먼저였다. 내가 불편해도 남이 불편한 걸 먼저 해결해야 마음이 놓였다. 그걸 배려라 믿었다. 그게 존중이라 여겼다. 하지만 마음 깊은 곳에서는 자주 묻곤 했다. 나는 왜 늘 다른 사람을 위해 살고 있지? 이게 정말 내가 원하는 삶일까? 나를 돌보기보다 남을 챙기는 일이 익숙했다. 늘 좋은 사람이 되고 싶어 애썼다. 힘든 사람의 짐을 대신 들어주고도 오히려 오해받거나 상처를 입

는 날도 있었다. 내가 아무리 잘하려 해도 사람들은 언제든 실망할 수 있었다. 나는 그 실망 앞에 서서 또다시 스스로를 책망하곤 했다.

그러던 어느 날, 문득 거울 속 내 얼굴이 낯설게 느껴졌다. 웃고는 있었지만, 그 웃음이 진심이 아니라는 걸 나만 알고 있었다. 나는 20년 넘게 백화점에서 고객 응대 일을 했다. 단 하루도 같은 날이 없었다. 매일 다른 얼굴들을 마주해야 했다. 웃는 법도, 말하는 법도, 심지어 걸음걸이와 자세까지도 나답다는 말보다는 예의 바르다는 기준에 맞춰야 했다. 하루하루가 훈련이었다. 나의 기분은 중요하지 않았다. 분노를 표출하는 고객이 있어도 나는 늘 웃고 있어야만 했다. 잘못하지 않은 일에 사과해야 할 때도 마찬가지였다.

심지어 간이고 쓸개고, 전부 냉장고에 넣어두고 출근하라고 말할 만큼 나 자신의 감정을 내려 놓아야 했던 그 시절이었다. 나는 그렇게 내 안의 나를 점점 잃어가고 있었다. 미안한 일도 아닌데 미안하다고 말했다. 내가 잘못하지 않아도 머리를 숙이는 날들이 반복되었다. 그렇게 살아낸 시간이 20년을 훌쩍 넘었다. 그리고 지금, 나는 전혀 다른 삶의 풍경 속에 서 있다. 이제는 누군가의 직함도, 오래 달았던 책임감도 벗어던졌다. 그저 알

바생이 되어 하루를 살아가기도 한다. 제주에 내려온 지 얼마 지나지 않아 운 좋게 KT 계약직으로 일하게 되었지만, 2년 만에 구조조정이라는 이름 아래 가장 먼저 짐을 싸야 했다.

그때 나는 다짐했다. 어떤 일이든 부끄러워하지 말자고. 돈을 벌기 위한 일이 아니라, 다시 살아보기 위한 시간이니까. 수제맥줏집에서 맥주를 따르기도 했다. 고깃집에서 분주하게 서빙하기도 했다. 땀이 흘러내리며 두 손 가득 접시를 들고 테이블을 오가는 시간이었다. 낯선 제주에서 새로운 삶을 배워가는 소중한 나날들이었다. 그 순간들이 나를 부끄럽게 하지 않았다. 오히려 내가 나를 더 사랑하게 된 시간이었다. 사람과 부딪히며 웃는 법을 다시 배웠다. '감사합니다'라는 말을 내 입으로 먼저 건넬 수 있게 되었다. 작은 일에도 수고했어요, 라고 말해주는 손님 앞에서 마음이 뭉클해지곤 했다.

하지만 일을 떠난 지 7년이 지났는데도 아직 몸이 일을 기억하는 게 가끔은 슬펐다. 누군가의 감정에 예민하게 반응한다. 손님의 눈빛 하나에 스스로를 다잡는 내 모습이 예전 백화점 생활을 떠올리게 했다. 문득 그런 생각이 들었다. 아직도 나는 나를 온전히 챙기지 못하고 있는 건 아닐까. 누군가의 말 한마디에 여전히 흔들린다. 작은 칭찬에도 목이 뜨거워지는 나를 보며 어쩌면 나는 지금도 완전히 회복되지 못한 사람일지도 모른다는 생각이 들었다. 하지만 괜찮다. 이제는 안다. 그 흔들림조차 내 안의 진심이다. 그 다정한 눈물 한 방울이 내가 나를 다시 안아주는 시작점이라는 걸.

심리학에서는 말한다. 하나의 행동이 몸에 배어 습관이 되기까지 평균 66일이 걸린다고. 사람마다 다르다. 어떤 이는 18일 만에 익숙해지기도 한다. 어떤 이는 200일이 넘어도 아직 서툴다고 느낀다. 하지만 중요한 건 그 변화에 걸리는 시간이 아니다. 그 길 위에서 포기하지 않고 계속 나아가고 있다는 사실이다.

나는 지금 나를 먼저 챙기는 연습을 하고 있다. 예전처럼 무조건 미안하다고 말하지 않는다. 대신 그건 제 잘못이 아니에요. 라고, 조용히 선을 긋는 법을 배우고 있다. 누군가의 기대에 휘둘리지 않고 나의 마음을 우선순위에 놓아보는 법을 배우고 있다. 상처받았을 때 억지로 웃기보다는 그 감정을 솔직히 인정해주는 법을 하루하루 연습하는 중이다. 아직 서툴고 익숙하지 않다. 하지만 그 연습을 멈추지 않으려 한다. 습관은 만들어지는 것이 아니라 살아내는 것이다. 66일이 아니라 6,600일이 걸려도 괜찮다. 천천히, 내 삶의 중심에 나를 두는 연습. 그건 결국 나를 사랑하는 연습이기도 하니까.

나는 오랫동안 누군가의 감정에 먼저 반응하며 살아왔다. 내가 느끼는 슬픔보다 상대가 불편해할까, 걱정하는 마음이 더 컸다. 내가 처한 어려움보다 타인의 기대를 저버리지 않으려는 마음이 더 중요했다. 누군가 너 힘들진 않아? 하고 물으면 나는 언제나 망설임 없이 대답했다. 응, 나 잘 지내. 사실은 그렇지 않은 날이 더 많았는데도 말이다. 언제부터였을까. 다른 사람의 마음을 헤아리는 데는 익숙해졌다. 하지만 정작 내 마음이 어디쯤 아픈지는 감지하지 못하는 사람이 되어 있었다. 소중한 이들에게는 다정한 위로를 건네면서도 나는 나에게 정말 힘들었구나, 라는 말 한마디조차 건네지 못하고 있었다.

"당신이 당신 편에 서지 않으면, 누가 당신 편에 설까?" 레지나 브레트의 말이 가슴 깊이 와닿았다. 그렇다. 내가 먼저 내 편이 되어주지 않으면서, 어떻게 다른 누군가가 진심으로 내 편이 되어줄 수 있을까. 그래서 이제는 조금 달라지고 싶다. 누군가를 챙기기 전에 내 안에 숨어 있는 작은 감정들부터 조용히 들여다보는 일. 그 일을 먼저 해내는 사람이 되고 싶다. 바쁜 하루의 흐름 속에서 문득 찾아온 고요한 여백에, 나는 내게 이렇게 묻고 싶다. 오늘 너는 어떤 장면에서 웃었니? 어떤 순간에 마음이 툭, 무너졌니? 무슨 일이 너를 기쁘게 했고, 무슨 말이 너를 아프게 했니? 그 질문에 정답은 없다. 중요한 건 누군가가 대신 묻는 것이 아니라 내가 내 마음에 직접 말을 건네는 시간이다. 그 조용한 묻고 답하는 과정에서 나는 비로소 지금, 이 순간, 내가 나를 지켜주고 있다는 든든한 감각을 느낀다.

나는 나의 보호자다. 삶이 흔들릴수록, 세상이 무거울수록 더 깊이 나를 감싸야 한다. 타인의 감정을 섬세하게 돌보기 위해서라도 가장 먼저 따뜻하게 안아야 할 존재는 바로 내 마음속 어린 나다. 지금, 이 순간에도 누군가의 기대에 맞춰 살아가느라 지쳐 있는 내 마음이 있다면, 나는 더 이상 그것을 외면하지 않으려 한다.

오늘 너는 수고 많았어. 아무에게도 털어놓지 못했지만, 너는 묵묵히 하루를 견뎌냈고, 그 자체로 충분히 소중한 시간을 만들어냈어. 나는 오늘도 나 스스로를 이해하는 연습을 한다. 빠르게 걷지 않아도 좋다. 누구보다 앞서 있지 않아도 좋다. 단지 내가 내 마음을 지나치지 않겠다고 다짐하는 그 태도가 삶을 지켜주는 힘이 될 거라고 믿는다. 어느 저녁, 모든 감정이 흐릿해지는 시간 속에서 나는 혼잣말처럼 중얼거린 적이 있다. 오늘도 참 애썼어. 네가 너의 편이 되어주어 고맙다. 그 말 한마디가 마음 가장 깊은 곳에서 울림이 되어 돌아왔다. 세상의 어떤 위로보다도 더 진하고 깊게 나를 일으켜 세워주었다.

이제야 조금씩 알 것 같다. 내가 먼저 나를 챙기지 않으면 그 누구도 나를 제대로 이해해 줄 수 없다는 걸. 좋은 사람보다 내 마음을 아끼는 사람이 되고 싶다. 누군가를 웃게 하려고 억지로 웃는 광대가 아니라, 진심으로 웃을 수 있는 평범한 사람으로 살고 싶다. 그 연습은 내가 나를 먼저 안아주는 것에서 시작된다. 그러니 부디, 당신도 당신에게 이런 말을 건네보길 바란다.

지금 이대로 충분히 잘하고 있어. 조용히 살아내는 하루하루가 너를 더 단단하게 만들어주고 있어. 조금 늦어도 괜찮아. 지금 이 삶의 속도는 너의 것이니까. 나를 먼저 챙긴다는 것은 결코 이기적인 일이 아니다. 오히려 세상과 건강한 관계를 맺기 위한 가장 근본적인 시작이다.

매일의 끝자락에서 조용히 나 자신에게 말을 건네는 사람이 되어보자. 누군가의 눈치를 보느라 놓쳤던 마음들을 하나씩 다시 마주하며 그 안에 깃든 상처와 용기, 희망을 발견하는 사람이 되어보자. 한때는 누군가에게 인정받기 위해 내 속도를 놓치고 살아갔다. 하지만 이제는 나를 이해하고 나를 기다려주는 사람이 되고 싶다. 비록 느리더라도 내 마음의 걸음에 맞춰 살아가는 사람으로. 지금, 이 글을 읽고 있는 당신의 마음 깊숙한 곳 어딘가에 아직 누군가의 손길을 기다리는 감정이 있다면, 그 손은 바로 당신의 것이길 바란다.

스스로를 돌보는 그 연습이 당신을 지켜줄 가장 단단한 울타리가 되어줄 테니까.

당신이 당신의 가장 좋은 친구가 되는 그날까지, 천천히, 그러나 꾸준히 나아가길.

나는 그냥 잘 살아보려고 했을 뿐이에요

16장
이제는 내가 나를 안아줄 차례

"다른 누구도 아닌 내가 나 자신을 온전히 안아줄 때,
비로소 삶은 조금 더 따뜻해진다."

아버지가 누구였는지는 중요하지 않다. 중요한 건 내가 어떤 분으로 기억하느냐다. 피붙이로 맺어진 짧은 인연이든, 이름만으로 존재했던 사람이든, 그분이 남긴 자리의 크기는 기억의 무늬로 완성된다. 내 기억 속 아버지는 함께한 시간보다 그리움으로 더 오래 머물렀다. 닿을 수 없었기에 더 선명했고, 머릿속보다는 마음속에서 조용히 자라난 존재였다. 그리고 엄마.

엄마는 내 기억 속에도, 오래된 사진 속에도, 어떤 향기나 따뜻

함으로도 남아 있지 않았다. 분명 마음속 어딘가에 계실 텐데 흔적조차 붙잡을 수 없었다. 말을 걸어본 적도, 함께 웃어본 적도 거의 없었지만 내 안 어딘가엔 늘 그분이 자리하고 있었다. 존재보다 깊은 그리움, 이름보다 오래 남는 공백. 그래서일까. 엄마는 너무도 보고 싶은 사람이었다. 한 번쯤 품에 안겨 숨을 고르고 싶은 사람. 아무 말 없이 안아주기만 해도 모든 고단함이 눈물처럼 흘러내릴 것만 같은 따뜻한 품이었다. 그 따뜻함을 나는 누구에게도 쉽게 요구할 수 없었다. 가진 기억이 없으니, 상상조차 어려웠다. 그리움은 늘 막연했고, 그 막연함은 쉽게 외로움으로 변해갔다.

어린 나는 자주 부모님을 미워했다. 서러워했다. 아니, 미치도록 원망했다. 누구에게도 말하고 싶지 않을 만큼 그 감정은 내 안에 차곡차곡 쌓여갔다. 내가 진짜 원했던 건 물질적 풍요가 아니었다. 그저 따뜻한 품, 내 이야기를 들어주는 눈빛, 아무 말 없이 등을 쓸어주는 손길이었다. 하지만 이제는 안다. 부모를 미워하며 살 수는 없다는 걸. 선택해서 태어난 것도 내 잘못도 아닌데, 평생을 감정의 감옥에 갇혀 살 수는 없다는 걸.

살다 보면 말로 다할 수 없는 억울함과 가슴속 깊이 남아버린 상처들을 마주하게 된다. 믿었던 사람에게서 돌아온 배신, 그저 마음을 다했을 뿐인데 외면당한 마음, 무너진 자존감 앞에서 나는 얼마나 작고 초라해졌는지 모른다. 그럴 때마다 나도 모르게 마음속에 분노가 차오르고 원망이 하루를 뒤덮는다. 무너지고 싶은 마음과 어디에도 닿지 않는 외로움이 뒤엉켜 나는 스스로에게조차 등을 돌릴 뻔한 날도 있었다. 그런 내게 어느 날 문득 하나의 문장이 조용히 다가왔다.

"잘 살아라, 그게 최고의 복수다." 탈무드가 남긴 글이 처음엔 그 말이 차갑게 느껴졌다.

그래, 내가 얼마나 단단해질 수 있는지 보여줄 거야. 이를 악물고 버틴 날들이 떠올랐다. 하지만 시간이 지나고 많은 계절이 내 마음을 덮고 지나간 후에야 그 말의 진짜 뜻을 깨달을 수 있었다. 누군가를 향한 복수가 아니었다. 그건 상처받은 나 자신을 다시 일으켜 세우는 다정한 선언이었다. 복수는 거창한 행동이 아니라 하루하루를 무너지지 않고 살아내는 일이었다. 스스로를 포기하지 않는 조용한 용기였다. 누구를 이기기 위해서가 아니라 나를 회복시키기 위해서, 나는 다시 걷고 다시 웃고 다시 나를 사랑하기 시작했다.

더 이상 누구를 미워하지 않아도 내가 나답게 살아간다는 것만으로도 충분했다. 내가 잘 웃고 잘 자고 잘 먹고, 다시 누군가와 마음을 나눌 수 있게 되었다는 사실만으로도. 그 어떤 말보다, 어떤 증명보다 더 묵직한 복수는 바로 지금, 무너지지 않고 살아내는 내 삶 그 자체였다. 나를 함부로 대했던 사람, 지우고 싶었던 기억, 끝내 이해받지 못했던 지난 시간마저도 이제는 내 안에서 조용히 식어가고 있었다. 상처는 여전히 내 안에 있지만 그 위에 나는 매일 작은 꽃 한 송이씩을 심는다. 햇살이 들고 바람이 스치고 시간이 조금씩 흘러가면서 그 자리엔 다시 따뜻한 나무 한 그루가 자라기 시작했다.

나는 이제 더 이상 복수하지 않는다. 복수라는 단어조차 품지 않는다. 대신 매일 나를 돌보고, 조금 더 따뜻하게 안아주고, 내 삶을 예쁘게 살아가는 데 모든 에너지를 쏟는다. 아무도 내 편이 아니던 시절, 가난한 마음을 꼭 끌어안고 버텼던 그 어린 나에게 나는 다정히 말해준다.

이제 괜찮아. 이제는 내가 너의 가장 좋은 편이 되어줄게. 누구보다 나를 믿고, 누구보다 나를 지켜주는 사람으로 살아가기로 했다. 끝내 무너지지 않는 삶이 가장 깊은 대답이었고, 잘 살아가는 것이야말로 최고의 복수였다. 이 말은 이제 누군가를 겨냥한 복수가 아니라 내 마음을 지키는 조용한 다짐이 되었다.

나는 오늘도 나를 다정히 안으며 살아간다. 넘어져도 다시 일어나고 흔들려도 다시 중심을 찾으며 더 나답게, 더 자유롭게 살아간다. 그리고 나는 믿는다. 그렇게 살아가는 삶이 결국 내가 받을 수 있는 가장 온전하고 가장 오래가는 위로가 되리라는 것을. 과거는 이미 지나갔다. 앞으로 올 미래는 아직 오지 않았다. 중요한 건 지금, 이 순간 내가 어떻게 나를 바라보느냐다. 어린 날 그렇게 원망하고 슬퍼하고 사랑받지 못했다고 느꼈던 그 마음을 이제는 내가 먼저 다정히 껴안아 줘야 한다. 누군가가 대신 해주지 않는다. 내가 나를 지켜야만 하는 이유는 바로 거기에 있다. 내가 가장 그리워하던 품은 과거 속 어딘가에 있는 그것이 아니라 지금 여기, 내 두 팔 안에 있었다.

겨울밤이 깊어질수록 말없이 내 어깨를 감싸줄 누군가의 품이 그리워지는 순간이 있다. 쌓인 피로와 말 못 할 외로움을 녹여줄 다정한 한마디, 수고했어. 그 말을 기다리던 날들.

누군가 먼저 안부를 묻고 하루 어땠냐고 물어와 주길 바라는 마음으로 휴대전화를 들었다가 내려놓던 밤들. 나는 오랫동안 누군가의 온기를 기다려왔다. 하지만 기다림은 종종 고요한 고통으로 돌아왔고, 위로는 너무 더디게 오거나 아예 오지 않았다. 그제야 깨달았다. 가장 깊은 외로움은 누군가의 부재 때문이 아니라 내가 나를 외면하고 있을 때 찾아온다는 걸.

나는 늘 남들에게 말해왔다. 괜찮아. 잘하고 있어. 하지만 그 진심 어린 위로를 정작 내게 들려준 적은 없었다. 오랫동안 받고 싶었던 사랑, 다정한 말, 위로의 손길은 누구보다 내가 나에게 건네야 했다. 우연히 한 책에서 마주한 문장이 나를 울렸다.

"당신은 지금까지 정말 잘해왔어요." 목이 뜨거워지고 가슴이 저릿했다. 그 짧은 한 줄이 내 마음 깊은 곳을 알아봐 주는 것 같았다. 그래, 나는 참 열심히 살아왔다. 아무도 몰랐던 눈물, 혼자 견뎌야 했던 밤, 다시 일어나 살아낸 시간들. 그 모든 것을 안고 여기까지 와준 내가 고맙고 대견하고 사랑스럽다. 그날 밤, 나는 처음으로 거울 속 나를 오래 바라보았다. 지친 눈빛 너머에도 꺼지지 않은 작은 희망의 불씨가 있었다. 아프지 마. 내가 있잖아. 그 한마디를 나직이 중얼거리자 얼어붙은 감정의 조각들이 서서히 녹아내렸다. 내가 그렇게 오래도록 기다려온 따뜻한 품은 내 안에 있었다.

어느 날, 나는 '나비 포옹'이라는 작은 의식을 만났다. 두 팔을 살짝 들어 어깨 위로 부드럽게 포개고, 마치 나비가 날개를 조용히 접듯 나 자신을 감싸안는 방법이었다. 처음엔 그저 어색함만이 나를 맞이했다. 거울 속 내 모습과 마주하며 팔을 들어 나를 감싸는 일이 어쩐지 낯설고 쑥스러웠다. 손끝이 어깨에 닿는 순간 어정쩡한 웃음이 새어 나왔다. 이 단순한 동작이 내게 무슨 의미를 줄 수 있을까, 반신반의하며 생각했다. 하지만 그때는 몰랐다. 이 작은 몸짓이 내 마음 깊은 곳에 어떤 따뜻한 물결을 일으킬지, 그리고 그 물결이 내 삶을 얼마나 부드럽게 바꿔놓을지. 그날 이후, 나는 나를 안아주는 법을 연습하기 시작했다. 아침 햇살이 비치는 거울 앞에서 조심스럽게 팔을 들어 나를 끌어안았다. 처음엔 어색함이 손끝에 묻어났지만, 곧 그 안에서 미세한 온기가 피어오르는 것을 느꼈다. 내 두 팔은 생각보다 단단했고, 내 마음을 품기에 아주 다정했다.

그 순간 가슴 깊은 곳에서 조용한 깨달음이 찾아왔다. 누군가의 따뜻한 손길이 없어도 내가 나를 위로할 수 있다는 것. 세상이 내게 온기를 주지 않아도 내 두 팔이 나를 단단히 감싸줄 수 있다는 것. 그 깨달음은 마치 오랜 어둠 속에서 발견한 작은 불빛처럼 내 마음에 조용히 스며들었다. 나는 매일 아침 거울 앞에 서서 나 자신에게 말을 걸기 시작했다.

오늘도 넌 잘할 거야, 힘내. 그 말은 단순했지만 내 하루를 가볍게 만들어주는 마법 같았다.

때로는 목소리가 떨렸고 스스로에게 건네는 말이 어색하게 들리기도 했다. 하지만 그 어색함 속에서도 내 목소리는, 비록 작고 떨리더라도, 내 마음의 빈틈을 채우는 따뜻한 바람이었다. 그 말들은 내 안에서 조용히 뿌리를 내려 어느새 내 마음의 정원이 되어갔다.

밤이 찾아오면 하루의 무게를 내려놓으며 나 자신에게 속삭였다.

오늘도 잘 버텨냈어, 정말 고마워. 처음엔 그 말이 낯설었다. 내 목소리가 어쩐지 낯익지 않은 친구처럼 들렸고 스스로에게 고맙다는 말을 건네는 게 어색해서 웃음이 터지곤 했다. 하지만 그 말들은 점차 내 마음 깊은 곳에 자리 잡았다. 마치 오래된 나무가 뿌리를 깊이 내리듯, 그 말들은 내게 위로의 숲이 되어주었다. 하루의 끝에서 나를 안아주는 그 순간, 나는 비로소 나 자신과 화해하는 법을 배웠다. 내 마음이 보내는 조용한 박수를 들으며 나는 조금씩 단단해졌다. 외로움이 밀려오는 날들이 있었다. 누군가의 따뜻한 시선이, 부드러운 말이 그리운 순간들. 예전 같았으면 그런 날엔 마음이 쉽게 휘청였다. 세상의 차가운 바람이 내 가슴을 파고들 때 누군가의 인정 없이는 내 존재가 희미해지는 듯 느껴졌다. 하지만 이제는 다르다.

나는 내 곁에 늘 나를 가장 깊이 이해하는 사람이 있다는 걸 안다. 바로 나 자신이다. 내 안의 목소리가, 내 두 팔이 나를 단단히 붙들어준다. 세상이 나를 외면하더라도 나는 먼저 내 마음을 들여다본다. 내 가슴속 깊은 곳에서 피어나는 작은 온기가 나를 다시 일으켜 세운다.

그러다 문득 깨달았다. 누군가의 품을 애타게 찾는 대신 내 품을 더 따뜻하게 만드는 일이 훨씬 더 소중하다는 것을. 누군가의 위로가 없어도 내가 나에게 건네는 한마디가 내 마음을 가득 채워줄 수 있다는 것을. 수고했어, 오늘도 넌 정말 잘 살아냈어. 이 단순한 문장이 내게 얼마나 큰 힘이 되는지 처음엔 알지 못했다. 하지만 그 말은 내게 날개를 달아주었다. 나비의 날개처럼 부드럽고 동시에 단단한 날개였다. 그 날개는 나를 외로움의 구름 위로, 슬픔의 바람 너머로 날아오르게 했다. 이제 나는 나를 안아줄 줄 아는 사람이다. 상처가 날카롭게 파고들 때면 나는 더 부드럽게 나를 감싸준다. 세상이 나를 외면할 때면 먼저 내 마음을 따뜻하게 들여다본다. 나비처럼 조용히, 하지만 절대 흔들리지 않게 나는 나를 안아주는 법을 배웠다.

그 과정에서 나는 알게 되었다. 살아가면서 가장 필요한 위로는 누군가의 말이 아니라 내가 나에게 건네는 한마디라는 것을. 그리고 그 한마디가 나를 더 단단하고 더 따뜻한 사람으로 만들어준다는 것을. 세상은 여전히 차갑고 사람들의 시선은 때로 날카롭다. 하지만 나는 이제 두렵지 않다. 내 안에는 나를 지켜줄 단단한 품이 있고, 내 마음에는 나를 위로할 부드러운 목소리가 있다. 매일 아침 나는 거울 앞에 서서 나를 안는다. 그리고 속삭인다.

'오늘도 넌 충분히 빛날 거야.' 그 말은 내 가슴에 조용히 불을 지피고 하루를 살아갈 용기를 준다. 때로 눈물이 고일 때면 나는 더 깊이 나를 끌어안는다. 괜찮아, 넌 충분히 잘하고 있어.

그 말은 내 마음의 상처를 어루만져 다시 일어설 힘을 준다. 한때는 텅 빈 울림마저 메아리치던 내 마음. 그곳엔 창이 없었고 바람 한 점 스며드는 것도 두려워 문을 닫아걸고 살았다.

하지만 지금은 그 빈집을 조금씩 열어가고 있다. 낡은 창틀을 닦고 그늘진 구석에 햇살을 들이고 굳게 닫혔던 마음의 방문 앞에 조심스레 화분을 놓는다. 처음엔 익숙하지 않았지만 나는 안다. 마음이란 집은 한꺼번에 채워지지 않는다는 걸.

하나하나, 천천히. 기억 하나, 감정 하나, 조용한 웃음 하나, 그리고 조금씩 회복된 나 자신으로 그 공간을 채워가는 중이다. 누구에게 보여주기 위한 집이 아니라 내가 나를 위해 살아가는 진짜 집. 아무도 모르게 무너졌던 내 마음 안에서 이제 나는 나를 위한 온기를 짓고 있다.

　삶은 때로 무겁고 때로 외롭다. 하지만 나는 이제 안다. 내가 나를 안아줄 수 있다면 그 어떤 무게도, 그 어떤 외로움도 이겨낼 수 있다는 것을. 나비의 날개처럼 가볍게, 그러나 단단히 나는 나를 안으며 살아간다. 그 품 안에서 나는 점점 더 나를 사랑하는 법을 배워간다.

　오늘도, 내일도 나는 나를 안아줄 것이다. 세상 누구보다 따뜻하게, 그리고 누구보다 단단히.

　그렇게 살아가는 것이, 결국 내가 나에게 줄 수 있는 가장 큰 선물이자 가장 깊은 사랑이라는 걸 이제는 안다.

　그리고 이 글을 읽는 당신에게도 말하고 싶다.

　당신도 당신 자신을 안아줄 수 있는 사람이라는 것을. 누군가의 품을 기다리기보다 먼저 당신의 두 팔로 당신을 감싸주기를. 그 안에서 당신은 가장 따뜻하고 안전한 안식처를 발견하게 될 것이다. 그리고 언젠가 깨닫게 될 것이다. 가장 오래 기다려온 그 사랑이 바로 여기, 당신 안에 있었다는 것을.

◆ 4부 ◆

나를 지키며 살아가는 법

17장

미안함이 꽃이 되는 순간

✦
✦
✦

"다른 누구도 아닌 내가 내 마음을 먼저 풀어줄 때,
미안함은 조용히 꽃이 된다."

　화해는 언제나 가슴 깊은 곳에서 싹튼다. 하지만 건네는 이와 받는 이 사이에서 그 온도는 미묘하게 다르다. 미안함을 전하는 사람은 자신의 무거운 마음을 내려놓고 싶어 미안하다고 말한다. 후회와 관계 회복의 간절함을 담으며. 그 말은 전하는 이에게는 안도감이지만 듣는 이에게는 때로 감당하기 어려운 무게로 다가온다. 받는 이의 마음은 아직 준비되지 않았다. 상처는 여전히 선명하고 속상함은 쉬 가시지 않는다. 내 상황을 이해해 주느냐는 말이 오히려 더 날카롭게 들릴 때가 있다. 아직 마음을 꺼내놓기조차 버거운데 상대는 서둘러 용서를 구한다. 그 순간 화해는 다정한 위로가 아니라 성급하게 지나가려는 태도로 느껴진다.

　나는 깨달았다. 화해는 상대가 아니라 내 안에서 준비될 때 비로소 받아들여진다. 때로는 미안함을 조용히 기다려야 한다. 상처를 너무 성급히 덮지 않기 위해 마음이 충분히 아물기를 기다리며. 그때 나는 마음속으로 조용히 속삭인다. 조금만 더 기다려줘. 화해는 상대의 마음에 살며시 노크하는 일이다. 내 마음을 쏟아내는 것이 아니라 상대의 아픔에 조심스레 다가가는 것이다. 그 문이 열려 있는지, 아직 닫힌 채로 아파하는지 가만히 살펴야 한다. 내 마음의 홀가분함만 생각한다면 그건 진심이 아니다.

　진정한 화해는 상대의 상처를 먼저 헤아리는 데서 시작된다. 내가 건네는 말이 또 다른 아픔이 되지 않도록 조심스럽게, 따뜻하게 다가가야 한다. 화해는 변명이 아니라 상대의 고통을 인정하고 품는 마음이다. 그 온도가 따스할 때 비로소 관계를 잇는 길이 열린다. 미안하다는 말은 때로 너무 가까워 아프고, 때로 멀리 돌아가야 닿는다. 어떤 미안함은 상처에 소금을 뿌리고, 어떤 미안함은 그 상처를 살며시 어루만지는 연고가 된다. 나는 오랫동안 미안해 말을 두려워했다. 그 말에 내 모든 잘못이 담기는 것만 같아서였다. 그래서 고개를 숙이는 대신 변명을 늘어놓았다. 그럴 줄 몰랐어. 나도 그때 힘들었어. 그런 의도가 아니었어. 세월이 지나 깨달았다. 진정한 화해는 설명이 아니라 인정이다. 상대의 아픔 앞에 잠시 멈춰 서서 내 말이 그에게 어떻게 닿았는지 온전히 받아들이는 용기다.

20년 넘게 백화점에서 고객을 마주하며 나는 수없이 고개를 숙였다. 잘못이 없어도, 분노 앞에서도 늘 먼저 죄송합니다.라고 말했다. 그 말은 내 마음이 아니라 습관이었다. 직업적 미소의 일부였다. 끝없는 반복 속에서 내 감정은 메말랐고 미안하다.라는 말조차 텅 빈 메아리처럼 흘러나왔다. 그러던 어느 날, 동료에게 무심코 던진 한마디가 상처가 되었다. 그녀의 흔들리는 눈빛을 보며 나는 내 무심함을 깨달았다. 변명 대신 이렇게 말했다. 미안해. 내가 너무 생각 없이 말했어. 네가 얼마나 속상했을지 이제야 알겠어. 그녀는 잠시 침묵한 후 천천히 고개를 끄덕였다.

그 순간 나는 화해의 참된 의미를 알았다. 상대의 아픔을 함께 느끼는 마음. 그것이 나를 가볍게 하고 우리 사이의 거리를 좁혔다. 사람과 사람 사이에서 우리는 상처를 주고받는다. 때로 고개를 숙이고 때로 용서를 구한다. 하지만 모든 화해가 진심인 것도, 모든 용서가 쉽게 주어지는 것도 아니다. 어떤 이는 말로만, 어떤 이는 형식으로만 미안함을 전한다. 또 어떤 이는 마음의 문을 굳게 닫는다.

  쉰을 넘어서야 나는 화해의 깊은 뜻을 알았다. 한자로 풀어보면 사례할 사(謝), 지날 과(過). 지나간 잘못을 사례로 갚는다는 의미다. 단순한 말이 아니라 관계를 회복하려는 진심이다. 화해는 미안함을 담은 눈빛과 따뜻한 손길로 건네는 마음이다. 진심이 없는 말은 그저 공허한 메아리일 뿐이다. 나는 한때 화해를 어려워했다. 실수 없는 완벽한 사람이 되고 싶었고 상처를 주고도 내가 왜? 라며 변명부터 떠올렸다. 젊은 날의 나는 미안하다 한마디로 모든 것이 깨끗해진다고 믿었다. 마치 지우개로 칠판을 지우듯, 한 번의 사과로 모든 상처가 말끔히 사라질 거라 순진하게 착각했다.

  세월이 쌓이며 알았다. 화해는 상대의 아픔을 이해하고 그 아픔을 덜어주려는 용기다. 나를 낮추는 것이 아니라 관계를 더욱 단단히 세우는 일이다. 화해를 값비싼 선물로 대신하려 할 때가 있다. 하지만 마음 없는 선물은 차갑기만 하다. 진심 어린 한마디가 훨씬 더 따뜻하다. 내 마음이 불편하다고 해서 지금쯤이면 괜찮겠지, 하는 마음으로 성급하게 건네는 사과는 때로 화해가 아닌 또 다른 상처가 된다. 상대가 받아들일 준비가 되어 있는지 먼저 살피지 않으면, 그 미안하다는 말은 오히려 상대의 마음을 더 어지럽히고 아프게 만든다.

사람들은 사과하면서도 싸운다. 뭘 잘못했는데? 말로만 미안하면 다야? 이런 말이 오가며 사과는 화해의 문이 되지 못한 채 감정의 골만 깊어지게 한다. 사과도 용서도, 결국 마음의 배려에서 시작된다. 내가 아니라 그 사람이 이제 괜찮은지, 정말 괜찮을지 조심스레 묻는 마음으로 건네야 한다. 사과는 내가 잘못했는지를 묻는 일이 아니라 당신이 아팠다는 사실을 인정하는 일이다.

루이스 스메즈는 말했다. "진정한 사과는 상대방이 아플 때까지 기다리는 것이 아니라, 내가 상처를 주었다는 것을 인정하는 것이다." 화해는 관계를 소중히 여기는 마음이고 상대를 잃고 싶지 않은 간절함이다. 때로는 긴 시간을 두고 신뢰를 다시 쌓아가며 마음을 잇는다.

이제 나는 먼저 미안해하고 말할 수 있는 사람이 되고 싶다. 서툴러도 진심을 담아 그 말을 건넬 용기를 갖고 싶다. 화해는 타인에게만 건네는 것이 아니다. 나 자신에게도 필요하다.

30대의 나는 프로가 아니었다. 누군가의 기대와 시선, 그리고 내 안의 불안에 갇혀 사는 포로였다. 프로와 포로는 점 하나 차이다. 스스로 감정을 억누르고 자존심조차 사치라 여기며 그저 견디기만 했다. 그 시절 나는 매일 밤 스스로를 탓했다. 멀쩡한 척, 강한 사람인 척 살아왔지만, 그 모든 무게가 결국 나를 가장 깊이 아프게 했다. 하지만 이제는 과거의 나에게 다정하게 말한다. 미안해. 그때 너무 아프게 했어. 넌 충분히 잘하고 있었어. 나에게 건네는 화해는 용서의 첫걸음이다. 내 상처를 어루만지고 나를 다시 일으켜 세운다. 진심 어린 사과는 관계의 끝에서 꺼내는 마지막 말이 아니다. 다시 시작하고 싶은 마음이 만든 가장 깊은 언어다. 화해는 상대의 아픔을 이해하려는 따뜻한 온도에서 피어난다. 그 온도가 진심일 때 상처는 치유된다. 미안해요. 내가 몰랐어요. 그때 아팠지? 진심이 닿을 때 말은 무기가 아니라 다리가 된다. 우리는 살아가며 수없이 다투고 오해하고 실수한다. 때로는 상처를 주고 떠나기도 한다. 다시 돌아와 말할 수 있다면. 그때, 내가 미안했어. 너의 마음을 이제야 알아.

그 한마디가 상처의 자리에서 꽃을 피우고 무너졌던 마음들 사이에 조용한 다리를 놓는다. 나는 이제 그런 사람이 되고 싶다. 먼저 손을 내밀되 상대의 마음을 먼저 살피는 사람. 화해를 두려워하지 않되 배려와 진심을 절대로 잃지 않는 사람이. 진심 어린 미안함은 메마른 마음에 내리는 봄비 같다. 처음엔 차갑게 느껴질 수도 있지만 그 빗방울이 천천히 스며들면서 조용히 무언가가 움튼다. 미안함이 꽃이 되는 순간은 갑작스럽게 오지 않는다. 마음의 계절이 바뀌어야 하고 내면의 토양이 부드러워져야 한다. 하지만 그 시간이 흐르고 나면 어느 날 문득 알게 된다.

내 마음에 꽃이 피었구나. 그 꽃은 화려하지 않다. 조용하고 소담스럽다. 그 작은 꽃 한 송이가 관계의 모든 풍경을 바꾼다. 미안함이 꽃이 될 때, 우리는 진정한 아름다움을 발견한다. 완벽함의 아름다움이 아니라 상처를 껴안은 채로 다시 피어나는 생명력의 아름다움이다.

당신에게, 그리고 당신 자신에게 말한다. 당신이 누군가에게 상처를 주었다고 느낀다면 이렇게 말해 보라. 미안해. 그때 몰랐어. 이제 너의 마음을 더 조심히 볼게.

그리고 당신 자신에게도 이렇게 말해주라. 미안해. 그동안 너무 아프게 했어. 이제 더 다정히 안아줄게. 화해는 관계를 잇는 다리이자 나를 치유하는 시작이다. 미안함이 꽃이 되는 순간을 믿어라. 그 꽃이 피어날 때까지 기다릴 줄 아는 사람이 되어라. 그리고 무엇보다 당신 자신에게도 그런 꽃을 선물해 주라. 미안함이 꽃이 되는 순간, 우리는 모두 조금 더 아름다운 사람이 된다. 그 따뜻한 온도가 당신과 그 누군가의 마음을 포근히 감싸줄 것이다.

18장

마음 한구석에 심어둔 약속의 정원

✦
✦
✦

"나를 사랑하는 가장 확실한 방법은 나와의 약속을
끝까지 지켜내는 것이다."

어떤 사람들의 마음은 봄날 꽃잎처럼 연약하다. 스치는 바람에도 떨리고 무심코 던진 말 한마디에도 깊은 상처를 입는다. 그런 사람을 곁에 두고 있다는 것은 때로는 조심스럽지만, 더 많이는 선물 같은 일이다. 그들의 투명한 마음이 보여주는 진심 어린 믿음 앞에서 나는 비로소 내가 어떤 사람인지, 어떤 사람이 되고 싶은지를 또렷하게 마주하게 된다. 회사 동료 중에 마음이 여려 작은 말에도 쉽게 상처받는 동생이 있다. 서로 마음이 지치고 힘들 때면 우리는 전화를 붙잡고 한참을 이야기하곤 했다. 짧게는 한 시간, 길게는 세 시간이 훌쩍 지나가기도 했다. 그 동생은 늘 내게 이렇게 말한다.

"언니는 말하는 대로 다 이루는 사람이잖아. 이번에도 꼭 그렇게 될 거야."

그 말을 들을 때마다 마음 어딘가가 따스해진다. 누군가가 나를 그렇게 믿어준다는 사실이 내가 지키고 싶은 삶의 방향을 다시 떠올리게 만든다. 어쩌면 나는 그 믿음에 보답하고 싶은 사람인 것 같다. 기분이 좋아지면서도 나 역시 나와의 약속을 지키는 사람이 되어야겠다는 다짐이 솟아난다. 어릴 적 나는 하고 싶은 것이 없어야 하는 아이였다.

이건 네가 할 수 없는 일이야. 그런 꿈은 꾸지도 마. 어른들의 말은 언제나 단호했고 나는 그 단호함 앞에 조용히 고개를 숙였다. 꿈이라는 단어는 나에게 너무 먼 것이었고 바람이라는 건 애초에 품지 말아야 하는 것이었다. 그래서 나는 하고 싶은 것을 애써 만들지 않는 아이가 되었다. 기대하지 않으면 실망하지 않을 테니까. 원하지 않으면 빼앗기지 않을 테니까. 그 시절 나에게 하고 싶은 것을 말하는 건 곧 상처받을 준비를 하는 일이었다. 누군가의 허락이 없으면 내 마음조차 내 것이 아닌 듯했다. 그래서 나는 조용히 묵묵히 주어진 삶을 살았다. 하지만 그 안에는 늘 작은 질문이 자라고 있었다. '나는 정말 이 삶을 원하는 걸까?'

　부모의 부재와 그 빈자리를 채우려는 어른들의 말은 내 마음에 보이지 않는 경계를 그었다. 하고 싶은 것을 말하면 '그건 너 같은 아이에게 어울리지 않아'라는 대답이 돌아왔다. 그래서 나는 점점 더 작아졌다. 하고 싶은 것을 묻는 대신 해야 하는 것만을 생각하며 살았다. 그게 더 안전하다고 믿었다. 하지만 그 안전함 속에서 내 마음은 점점 메말라갔다. 지금의 나는 그때의 나에게 다정한 말을 건넬 수 있는 사람이 되었다.

　이제는 너를 위해 살아도 괜찮아. 네가 원하는 것을 향해 걸어도 돼. 나는 너의 편이 되어줄게. 이 말들이 빈 위로가 아니었다. 백화점에서 일하던 시절 나는 늘 이렇게 말하곤 했다.

　'쉰이 넘으면 제주에 내려가서 살 거야.' 처음엔 막연한 바람이었다. 제주는 내게 먼 섬, 꿈속의 풍경이었다. 하지만 그 말을 마음에 품고 하루하루를 견뎌내다 보니 어느새 나는 그 말을 향해 조금씩 다가가고 있었다. 매일의 작은 선택들이 쌓였다. 고객의 불만을 웃으며 받아내던 날들, 새벽까지 서류를 정리하며 버텨내던 시간들. 그리고 그 와중에 마음 한구석에 제주의 바다를 그려놓던 순간들. 퇴근길 지하철에서 제주 여행 책자를 들여다보던 시간, 월급에서 조금씩 떼어 통장에 넣어두던 돈들. 모든 것이 나를 그 약속으로 이끌었다. 결국 다섯 해 만에 나는 해냈다. 작은 집이었지만 내 이름으로 된 보금자리를 마련했고 쉰이 넘은 나이에 진짜 제주로 이주했다. 푸른 바다와 한라산이 내려다보이는 그곳에서 나는 처음으로 내 삶이 온전히 내 것임을 느꼈다. 그 순간 나는 깨달았다.

"내가 한 약속은 내가 지킬 수 있구나."

나와의 약속은 단순한 말이 아니라 나를 지키는 힘이었다. 그 약속을 지키는 과정에서 나는 나를 믿는 법을 배웠고 그 믿음은 나를 더 자유롭고 단단한 사람으로 만들어주었다.

산티아고 순례길에서 만난 이탈리아 부부와의 또 다른 약속이 있었다. 남편은 로마에서 경찰로 일했고 아내는 공항에서 일했다. 우리는 함께 걸었고 함께 차를 마셨으며 서로의 삶을 이야기하며 끝까지 완주했다. 그 길 위에서 우리는 서로의 아픔과 꿈을 나누었다. 그들은 나에게 로마의 햇살과 에스프레소 향을 이야기했고 나는 그들에게 제주의 바람과 파도 소리를 들려주었다.

"언젠가 로마에서 다시 만나자." 그 말이 입 밖으로 나왔을 때 나는 속으로 다짐했다.

'10년 안에 너희를 만나러 갈게.' 그 약속은 단순한 인사가 아니었다. 내 마음에 새겨진 또 하나의 이정표였다. 순례가 끝난 후에도 우리는 메신저로 안부를 나눴다. 그들의 메시지는 바쁜 일상에서 작은 위로가 되었고 나의 답장은 그들에게 제주의 햇살을 전하는 편지가 되었다.

그리고 8년 후 나는 약속을 지키기 위해 로마로 갔다. 내가 쓴 책 한 권을 선물로 들고서.

로마에서 그들을 다시 만났을 때 그들의 웃음은 순례길에서 처음 만났던 그 순간처럼 따뜻했다. 트레비 분수에서 동전을 던지며 나는 생각했다.

'이건 단순한 여행이 아니다. 내가 나와 한 약속을 지키는 일이구나.'

약속은 거창하지 않아도 괜찮다는 것을 알았다. 지리산 종주, 한라산 등반, 한 달에 두 권씩 책 읽기, 나를 위해 맛있는 밥 한 끼 먹기. 심지어 아침에 일어나 차 한 잔을 여유롭게 마시는 작은 다짐까지. 남에게 보여주기 위한 것이 아니라 나를 소중히 여기기 위한 약속들이었다. 그 작고 사소한 다짐들이 조금씩 나를 단단하게 만들었다.

제주로 이주한 후 바다를 바라보며 나와 약속했다. 오늘은 나를 위해 한 가지 좋은 일을 하자. 그 좋은 일은 때로는 책 한 장을 읽는 것이었고 때로는 친구에게 전화를 걸어 웃는 일이었으며 때로는 나를 위해 따뜻한 밥 한 끼를 차리는 것이었다. 그런 작은 약속들이 쌓이면서 나는 내 삶이 점점 더 풍요로워지는 것을 느꼈다. 그 약속들은 나를 외롭지 않게 했다. 나를 사랑하는 법을 가르쳐주었다.

나와의 약속을 지키다 보면 그 약속들은 나를 감싸안는 든든한 버팀목이 된다. 반대로 그 약속을 자꾸 어기면 나를 지켜주던 보이지 않는 울타리가 하나씩 무너져 내린다. 어린 시절 내일부터 열심히 할 거야. 이번엔 꼭 지킬 거야. 라며 가볍게 내뱉었던 말들은 대수롭지 않은 일로 여겨졌다. 시간이 무한히 있다고 생각하며 수많은 약속을 흘려보냈다. 하지만 삶이 어깨를 무겁게 누를 무렵 나는 깨달았다. 나와의 약속을 지키지 않으면 나를 지켜주는 것들도 점점 사라진다는 것을. 나와의 약속을 어기는 순간 마음 깊은 곳에서 신뢰가 조용히 무너진다. "나는 할 수 있어!"라는 뜨거운 믿음이 한 번, 두 번 어김으로 서서히 닳아간다. 처음엔 작았던 그 균열은 어느새 난 원래 이런 사람이야. 라는 체념의 늪으로 나를 끌어내린다.

그 늪은 위험하다. "어차피 나니까.", "원래 내가 이래."라며 스스로를 가두는 말들이 나를 조금씩 잠식해 간다. 하지만 지금의 나는 안다. 세상에서 가장 소중한 약속은 타인과 맺는 것이 아니라 바로 자기 자신과 나누는 그 단단한 맹세라는 것을. 우리는 타인과의 약속은 온 힘을 다해 지키면서 나와의 약속은 너무 쉽게 저버린다. 내일 하면 되지! 이번 한 번은 괜찮아. 라며 스스로를 속인다. 하지만 그 가벼운 어김이 쌓이고 쌓이면 내 안의 믿음이 무너지고 나를 사랑하는 마음마저 흐릿해진다. 이제 나는 나와 단단한 약속을 맺는다. 작고 사소한 것이라도 그것을 지켜낼 때마다 나는 내게 믿음을 쌓는다. 아침에 물 한 컵 마시기, 짧은 산책하기, 하루 한 번 고마운 사람에게 문자 보내기. 누가 시키지도, 알아주지도 않는 그 작은 약속들을 묵묵히 지켜낼 때마다 상처받고 소원해졌던 나와의 관계는 조금씩 따스하게 회복되어 갔다.

나는 나를 믿을 수 있는 사람이야. 라는 확신은 거창한 성취가 아닌, 이런 작은 실천에서 피어났다. 올해 나는 또 하나의 약속을 실현하기 위해 파리로 간다. 10년 전 파리를 떠나며 나는 나에게 두 개의 약속을 했다.

"언젠가 프랑스에 다시 오자. 그리고 책을 쓰자."

에펠탑 아래에서 또 하나의 소망을 조용히 속삭였다.

"다음에 올 땐 혼자 말고 꼭 좋은 사람과 함께 올게."

그 간절했던 약속을 가슴에 품은 채 시간이 흘러갔다. 이제는 작가라는 새로운 이름을 얻은 나로, 온갖 이야기를 마음 깊이 간직한 나로 다시 그 길 위에 선다. 혼자 떠나는 발걸음이지만 조금도 서럽지 않다. 곁을 지켜줄 누군가가 없어도 전혀 외롭지 않다. 나는 어느새 내가 그토록 애타게 기다려왔던 그 '좋은 사람'으로 피어나 있었으니까.

그동안 나는 나 자신에게 좋은 사람이 되는 연습을 묵묵히 해왔다. 나와 함께하는 이 여행 자체가 그 소망을 이루는 것이기도 하다. 파리의 에펠탑을 다시 마주하며 나는 그 모든 약속을 지켜낸 나를 다정히 바라볼 것이다. 그 약속들은 남에게 보여주기 위한 증명이 아니었다. 내 안에 믿음을 차곡차곡 쌓아가는 일이었다. 내가 나를 사랑하는 가장 확실한 방식이었다.

어릴 적 나는 늘 누군가의 허락을 기다렸다. 하지만 이제는 달라졌다. 나는 내 삶에 허락을 내릴 수 있는 사람이 되었고 내 선택을 온전히 믿어주는 든든한 동반자가 되어주었다. 그 믿음은 나를 자유롭게 했다.

이제는 아프지도, 서럽지도, 누구를 향해 원망하지도 않는다.

세상은 하고 싶은 것을 다 하지 못하고 떠나야 할 수도 있는 곳이기에 불평하고 탓할 시간조차 아깝게 느껴진다. 그래서 나는 결심했다. 나와의 약속을 하나씩 지켜가며 나를 더 사랑하는 삶을 살아가기로. 약속은 나에게 희망이자 나를 지키며 살아가는 방법이었다. 제주로의 이주, 로마로의 여행, 책을 쓰겠다는 다짐. 그 모든 것은 누군가의 인정을 받기 위한 것이 아니었다. 내가 나를 믿고 내가 나를 사랑하는 과정이었다.

그 과정에서 나는 알게 되었다. 나와의 약속을 지키는 일은 단순한 목표 달성이 아니라 나를 지키는 가장 단단한 울타리라는 것을. 그 울타리 안에서 나는 더 이상 두려워하지 않았다. 실패해도, 느려도, 서툴러도, 나는 나를 믿고 다시 일어설 수 있었다. 나 자신을 믿는 일은 생각보다 더 단단하고 따뜻한 힘을 지닌다. 지금의 나는 나와의 약속이라면 아무리 작아도 꼭 지키며 살아간다. 그 고요한 실천이 누구도 알아주지 않는 순간이더라도 나는 안다. 그 약속들이 삶의 균형을 지켜주고 나를 지탱하는 바닥이 되어준다는 것을. 어쩌면 이 글을 읽는 당신도 지금 무언가를 마음속에 품고 있을지도 모른다. 하고 싶지만 망설이고, 바라지만 미뤄두었던 일들. 그것이 아무리 작아 보이는 것일지라도 자신과의 약속을 지키는 일은 삶을 가장 아름답고 단단하게 만드는 시작이다. 그러니 오늘, 이 순간 스스로에게 작은 약속 하나를 건네보길. 오늘은 나를 위해 한 걸음 내디뎌볼게.

하나씩 하나씩 마음 한구석에 심어두었던 약속들은 세월이 흐르며 내 마음속에 멋진 약속의 정원을 만들어냈다. 제주로의 이주라는 크고 푸른 나무, 로마 친구들과의 만남이라는 향기로운 꽃, 매일 아침 나를 위한 작은 실천들이라는 소담한 풀들까지. 그 모든 것들이 어우러져 나만의 아름다운 풍경을 이루었다. 나는 지금도 마음의 정원을 가꾸어가면서 살아간다. 어떤 날은 새로운 씨앗을 심고 어떤 날은 자라난 나무에 물을 주며 어떤 날은 피어난 꽃을 바라보며 감사함을 느낀다. 그 정원은 완벽하지 않다. 때로는 시들어가는 꽃도 있고 뿌리를 내리지 못하는 나무도 있다. 하지만 그 모든 것이 내 삶의 일부이고 내가 걸어온 길의 증거다.

이 약속의 정원에서 나는 배웠다. 약속이란 단순히 목표를 달성하는 도구가 아니라 나를 믿고 사랑하는 방법이라는 것을. 그 정원에서 자라난 믿음의 나무들이 나를 든든하게 지켜주고 용기의 꽃들이 내 마음을 따뜻하게 물들여준다는 것을. 당신도 오늘부터 당신만의 약속의 정원을 가꾸어보길. 작은 씨앗 하나부터 시작해서 천천히, 꾸준히, 사랑으로.

나는 오늘도 내 마음의 정원에서 새로운 약속의 씨앗을 심는다. 그리고 그 씨앗들이 언젠가 꽃을 피우고 열매를 맺을 그 날을 기다리며 오늘 하루도 나를 믿고 나를 사랑하며 살아간다.

봄이 오면 새싹이 돋고 여름이 오면 잎이 무성해지며, 가을이 오면 열매가 맺히고 겨울이 와도 뿌리는 더욱 깊어진다. 내 마음의 정원도 그렇게 계절을 따라 변화하며 성장한다.

그 정원 한구석에서 피어난 가장 아름다운 꽃은 바로 나 자신을 믿는 마음이었다. 그 꽃은 어떤 계절에도 시들지 않고 어떤 바람에도 꺾이지 않으며 내 삶의 모든 순간을 향기롭게 만들어준다.

19장

바람이 되어 떠나는 인연의 신호

✦
✦
✦

"어떤 인연은 끝나기 전, 이미 고요한 신호를 보내고 있었다."

인연이 다했다는 건 거창한 이별의 선언으로 오지 않는다. 오히려 고요한 물결이 스르르 멀어지듯 조용히 찾아온다. 어느 날 문득, 서로의 마음이 더 이상 같은 하늘을 바라보지 않는다는 걸 깨닫게 된다. 그 순간 그 인연은 이미 마음의 문틈에서 작별을 준비하고 있었다.

한때는 하루에도 몇 번씩 메시지를 주고받았었다. 아침의 짧은 안부에도 가슴이 따뜻해지고, 별것 아닌 농담에도 웃음꽃이 피어났다. 그때 우리는 서로에게 작은 별 같은 존재였다.

그런데 어느 순간부터 그 별빛이 희미해지기 시작한다. 연락은 자연스레 뜸해지고, 침묵이 익숙한 풍경이 되어간다. 예전엔 설렘을 주던 목소리도 어느새 낯선 메아리처럼 들려온다. 함께했던 추억들은 여전히 그 자리에 머물러 있지만, 더 이상 가슴을 뛰게 하지 않는다.

그 사람의 기쁨에도 슬픔에도 내 마음이 더 이상 물결치지 않는다면, 그건 인연이 이미 제 길을 떠났다는 신호일 것이다. 마음이 무겁지 않고, 굳이 붙잡으려 애쓰지 않아도 괜찮다고 느껴진다면, 그건 우리 마음 깊은 곳에 작별이 스며든 순간이다.

인연의 끝은 때로 마음이 먼저 건네는 부드러운 작별 인사로 찾아온다.

"이제는 그만 놓아도 괜찮아." 그 속삭임은 끝이 아니라 새로운 시작을 위한 배웅이다.

나는 늘 사람이 그리웠다. 누군가의 손끝이라도 내밀어지면 그 사람의 세상을 통째로 안아주고 싶었다. 어린 시절, 사랑이 늘 부족했던 내게 열린 마음 하나는 생명과도 같았다.

외할머니의 따뜻한 품만이 유일한 안식처였다. 그래서 다 주었고, 다 내어주었다. 하지만 떠날 사람은 결국 떠났다. 그들이 떠난 자리는 어린 시절 그 빈자리를 또다시 건드렸다.

내가 또 뭘 잘못했을까? 왜 나만 남겨질까? 그 질문들이 내 마음을 갉아먹었다.

붙잡을수록 멀어지는 사람들의 이유를 몰랐다. 아니, 알아도 인정하고 싶지 않았다. 그들이 떠나면 내 마음이 무너질 것 같았으니까. 울어도, 가슴을 쳐봐도 소용없었다. 그때 나는 보내는 법을 몰랐다. 붙잡는 게 사랑이라고 믿었지만, 그건 사랑이 아니라 두려움이었다. 하지만 이제 안다. 그 아픔은 나를 떠나보내는 법을 가르쳐준 스승이었다. 새벽안개가 햇살에 흩어지듯, 떠난 인연은 내 마음에 스며들어 나를 더 단단히 세워주었다. 그들이 남긴 빈자리는 텅 빈 게 아니었다. 나를 더 사랑하고 지키는 법을 배우는 씨앗이 심어진 자리였다. 뭐가 그리 무서웠을까. 혼자라는 바람, 텅 빈 가슴이 그토록 무겁게 느껴졌던 건, 내 안의 어린아이가 아직 두려움에 떨고 있었기 때문이다. 그때 나는 나를 안아줄 용기가 없었다. 누군가의 온기만이 나를 구원할 수 있다고 믿었다. 하지만 이별의 날카로운 끝에서 나는 나를 보듬는 법을 배웠다.

새벽이면 고요히 앉아 숨을 고른다. 마음의 잔물결을 느끼고, 그들의 눈빛과 숨결을 떠올려본다. 그들의 입장이 되어 그들의 마음을 들여다본다. 그들은 나를 아프게 하려고 떠난 게 아니었다. 그저 그들만의 길을 따라 걸어간 것뿐이었다. 그리고 나도 내 길을 걸어야 한다는 것을 깨달았다. 한 사람에게서 똑같은 아픔을 두 번 겪는다면, 그건 그 사람만의 잘못이 아닐지도 모른다. 첫 번째는 정말 몰라서였다. 두 번째는 달라지길 바라는 마음 때문이었다.

분명 변했을 거야. 이번만큼은 괜찮을 거야. 그런 간절함과 기대가 내 눈을 가렸다.

만약 세 번째가 있다면, 그건 내가 그 사람을 보내지 못해 스스로 만들어낸 고통이다. 마음 깊은 곳에서는 이미 알고 있었다. 그 사람은 달라지지 않을 것이라는 사실을. 똑같은 일들이 되풀이될 것이라는 현실을. 그런데도 나는 내 마음을 속였다. 기대라는 이름으로, 관용이라는 이름으로, 애정이라는 이름으로. 두 번째 배반은 첫 번째보다 훨씬 아팠다. 그 안에는 나 자신을 향한 허탈함까지 섞여 있었기 때문이다. 모든 만남이 깊어야 한다는 생각을 내려놓을 때가 있다. 세상의 모든 관계가 진하고 특별할 이유는 없다. 그냥 가끔 안부를 묻고, 마주치면 미소 짓는 정도로 남아도 충분한 사람들이 있다. 무리해서 관계를 되살리려 하고, 예전의 친밀함을 되찾으려 애쓰는 일이 때로는 더 큰 상처만 남긴다.

한번 멀어졌던 사람과 다시 가까워진다 해도 예전 일들이 없던 일이 되는 건 아니다. 그 기억들은 그대로 남아 있다. 오히려 그 경험들은 내게 보내진 작은 경고였을지도 모른다. 이 사람과 함께하면 언젠가 이런 일들이 일어날지도 모른다는, 내 마음이 상처받을 위험이 있다는 걸 미리 속삭이던 신호였는지도. 진짜 용기는 아팠던 과거를 받아들이고, 그 속에서 배운 것들을 바탕으로 더 현명한 선택을 하는 것이다. 어떤 때는 관계를 정리하는 것이, 적당한 거리를 두는 것이 서로에게 더 나은 길일 수 있다. 마음은 간단하지 않다. 언젠가는 떠나야 한다는 걸 알면서도 쉽게 놓지 못하는 인연이 있다.

그럴 땐 나는 편지를 쓴다. 하고 싶은 말, 듣고 싶었던 말, 그리움과 서운함, 미처 전하지 못한 마지막 인사까지. 그 모든 것을 종이 위에 풀어낸다. 눈물도 그리움도 글자 속에 스며들고, 나도 모르던 내 마음이 단어가 되어 흘러나온다. 그 편지는 보내지 않아도 괜찮다.

그것은 나를 위한 의식, 나를 다정히 보듬는 시간이다. 편지를 쓰며 나는 마음의 문을 조용히 닫는다. 때로는 그 편지를 바람에 날려 보내거나 불에 태우며 마지막 인사를 한다. 그건 나와 인연의 마지막 작별이자, 나를 위한 새로운 시작이다. 내가 그토록 원망했던 사람, 그리워했던 사람. 그들은 내 삶에 잠시 머물다 간 한 바람이었다. 그 바람이 스쳐 간 흔적은 아픔이면서도 선물이었다. 그 아픔 덕분에 나는 사랑을 주고, 잃고, 다시 일어서는 법을 배웠다.

어떤 인연은 나를 무너뜨렸고, 어떤 인연은 나를 살게 했다. 하지만 모든 인연은 나를 나답게 만들어준 고요한 스승이었다. 우리는 우연처럼 만났지만, 실은 오래전부터 준비된 선 위에서 스쳐 간 것이었다. 그 스침은 내 마음에 조용한 씨앗을 심었다. 그 씨앗은 내가 나를 더 사랑하게 해주는, 내가 나를 더 단단히 지키는 마음으로 자라났다. 그래서 이제 나는 너무 오래 붙잡지 않는다. 인연이 보내는 신호에 조용히 고개를 끄덕인다.

"이제는 그만." 이별은 아팠다. 하지만 그 아픔 속에서 나는 나를 지키는 법을 배웠다.

그러고 보니 이별조차도 사랑의 한 모습이었는지도 모르겠다. 떠난 인연을 원망하며 마음을 갉아먹기보다는, 그들이 남긴 빛을 바라보며 앞으로 나아간다. 그들이 머물렀던 시간은 그 자체로 소중한 흔적이었다. 그 흔적은 내 마음에 남아 나를 더 단단하고 따뜻한 사람으로 만들어주었다. 이별은 끝이 아니라 새로운 시작을 위한 여백이다.

  떠난 인연이 남긴 공간은 텅 빈 게 아니라 새로운 가능성으로 채워질 빈 캔버스다. 나는 그 캔버스 위에 내 마음을 그려가며 새롭게 열릴 인연을 기다린다. 그 기다림은 더 이상 두려움이 아니라 희망이다. 인연을 놓아주는 일은 붙잡는 것보다 더 큰 용기가 필요하다. 하지만 그 놓아냄은 나를 더 단단히 지키고, 내 삶을 새롭게 시작하도록 이끄는 따뜻한 배웅이다.

  멀어지는 인연 앞에서 너무 아파하지 말자. 그건 우리 마음이 서로에게 주는 마지막 선물일지도 모른다. 놓아줌으로써 우리는 각자의 길에서 다시 빛날 준비를 한다. 그리고 그 빛은 언젠가 또 다른 인연을 비추며 새로운 이야기를 시작할 것이다.

  바람처럼 왔다가 바람처럼 떠나는 인연들. 어떤 바람은 부드럽게 스치고, 어떤 바람은 거세게 흔들어놓고 간다. 하지만 모든 바람이 지나간 후에는 고요한 평온이 찾아온다. 그 평온 속에서 나는 나를 다시 정비하고, 다음에 올 바람을 준비한다. 떠나는 바람을 붙잡아두려는 건 애초에 불가능한 일이다. 바람은 자유로운 것이니까. 인연도 마찬가지다.

  지금, 당신의 가슴에 떠난 인연의 그림자가 있다면 그 신호를 조용히 들여다보길 바란다.

작은 노트에 그 마음을 적어보고, 그 인연이 남긴 빛을 떠올려보길. 마치 달빛이 잔물결에 스며들듯, 그 신호가 당신의 마음을 고요히 채워줄 것이다. 그 작은 용기가 당신을 더 다정히 안아줄 것이다. 떠난 인연은 끝이 아니라 당신을 더 단단하고 따뜻한 사람으로 만들어준 지혜다. 그 신호에 고개를 끄덕이며, 당신의 마음에 새로운 빛이 스며들 여지를 남겨두길 바란다.

모든 사람을 깊이 사랑할 필요는 없다. 모든 관계를 끝까지 붙잡고 있을 필요도 없다. 어떤 사람들은 우리 삶에 잠시 머물다 떠나가는 것으로 충분하다. 그것을 받아들이는 것이 때로는 서로에게 주는 가장 큰 선물이 될 수 있다.

잡으려 할수록 멀어지는 인연이 있다. 그 신호를 놓치지 않고 조용히 놓아주는 것도 나를 지키는 일이다. 바람이 되어 떠나는 인연의 신호 앞에서, 우리는 더 지혜로운 사람이 된다.

그 신호가 들릴 때, 조용히 고개를 끄덕이며 새로운 바람을 기다리는 것. 그것이 우리가 사랑을 배우는 방법이다.

20장
혼자 일어선 자리에서 만든 기적의 유산

✦
✦
✦

"나는 이미 한 번, 아무것도 없는 자리에서 스스로
일으켜 세운 사람이다."

무너져도 다시 일어났고, 잃어버려도 다시 채웠다. 그 어떤 것도 쉽게 주어진 것은 없었지만 나는 늘 나를 포기하지 않았다. 지금의 나는 예전보다 더 단단하고, 더 부드럽고, 더 지혜로운 사람이 되었다. 상처를 끌어안고도 굴복하지 않았다. 고요한 눈물 속에서도 희망을 놓지 않았다. 가끔 지난 시간을 떠올릴 때면 스스로에게 조용히 고개를 끄덕이게 된다.
"정말 잘 살아냈어."

누구도 해주지 않았던 그 말을 이제는 내가 내게 먼저 건넬 수 있다. 참 다행이고 참 고맙다. 앞으로도 분명 쉽지 않은 날들이 있겠지만, 나는 안다. 내가 나를 지키는 법을 이미 익힌 사람이라는 것을. 그 믿음은 내가 지나온 시간 속에서 단단히 뿌리내린 나만의 힘이다.

삶은 때로 거친 바람처럼 나를 흔들어댔다. 백화점에서 스무해 넘게 고객을 응대하며 늘 웃어야 했던 날들, 잘못하지 않은 일에도 고개를 숙여야 했던 순간들. 그 모든 시간을 지나오며 나는 내 안의 불씨 하나만큼은 꺼뜨리지 않았다. 그 불씨는 나를 지키는 힘이었고, 나를 다시 일으키는 용기였다.

처음 딸을 품에 안았던 날의 감동을 나는 지금도 선명히 기억한다. 너무 작고 여려서 숨소리 하나에도 눈물이 날 것 같았다. 그 아이가 내게 와준 것이 기적처럼 느껴졌다. 나는 알고 있었다. 소중한 것을 받지 못한 채 자라왔기에, 그만큼 더 따뜻하게 주고 싶다는 것을.

내 어린 시절에는 흑백사진 한 장 외에는 남아 있는 기억이 없었다. 백일 사진도, 돌 사진도 없었고, 함께 웃는 가족사진도 없었다. 아버지의 미소도, 어머니의 손길도, 기억보다 먼저 사라져

버린 시간이었다. 그 빈자리는 내 마음에 차가운 그림자를 드리웠다.

그래서 마음속으로 다짐했다.

"이 아이의 기억만큼은 따뜻하게 채워주자. 사랑받는다는 감정을 기억 속 어딘가에 분명히 남겨주자." 그 다짐 속에서 나는 배 속 사진을 남기고, 손때 묻은 추억을 모으고, 첫 옷과 손 싸개와 발싸개를 고이 간직했다. 딸이 자라는 모습을 기록하며 나는 내 안의 빈자리를 조금씩 채워갔다. 딸이 처음 걸음마를 했던 날, 처음 "엄마!"라고 불렀던 순간, 그리고 손녀가 태어난 그 날까지. 그 모든 시간은 내가 받아본 적 없는 사랑을 내가 스스로 만들어낸 여정이었다.

딸아이가 배 속에 있을 때 나는 뜨개바늘을 꺼내어 정성을 담아 옷을 떴다. 한 코 한 코 마음을 엮어 짠 노란 스웨터와 초록과 핑크가 들어간 예쁜 스웨터. 그 따스한 실 한 올 한 올에 배 속 아이를 향한 간절한 사랑을 담았다. 딸이 돌이 되었을 때 그 작은 스웨터를 입힌 순간의 기쁨을, 지금도 선명히 기억한다. 그 작은 옷을 입고 자라던 딸이 이제는 어엿한 엄마가 되어, **자신의 딸에게** 그 옷을 다시 입혀주려 한다. 세월이 흘러도 실에 스민 사랑은 그대로여서, 손녀의 작은 가슴 위에 포근히 내려앉는다. 그 순간, 오래 묵힌 그리움과 감사가 함께 밀려와 가슴이 울컥해진다. 옷은 단순한 천이 아니라, 세대를 이어주는 사랑의 고리였다. 손녀가 태어난 후 딸이 다정하게 말했다.

"엄마가 떠준 그 스웨터, 가을 되면 손녀한테 입힐 거야. 옷장에 곱게 걸어뒀어."

그 말에 가슴이 따뜻하게 차올랐다. 내 손끝에서 시작된 사랑이 이렇게 또 다른 생명에게 닿아가고 있다니. 30년이 넘는 긴 세월을 건너온 작은 기적이었다.

딸이 태어나 처음 입었던 배냇저고리가 있었다. 친정에서 준비해야 한다며 아버지가 정성스럽게 아기 이불과 함께 장만해주신 것이었다. 누군가의 품에서 받지 못한 사랑을 아버지는 무언의 배려로 채워주셨다. 손녀가 태어났을 때 나는 서랍 깊숙한 곳에서 그 옷을 조심스럽게 꺼내 입혔다. 그 옷감에는 시간의 온기가, 기다림의 설렘이, 그리고 이어지는 사랑의 맥박이 스며 있었다. 바로 그때 나는 딸에게 부탁했다.

"손녀가 입은 배냇저고리와 너 아기 때 입었던 배냇저고리, 사진 찍어서 보내줘. 엄마가 사진으로 남겨둬야겠어."

딸은 그저 미소만 지으며 사진을 보내왔다. 그런데 딸이 말했다.

"엄마, 손녀 배냇저고리 없어. 내 것 입혔거든."

이 말을 듣는 순간 가슴 한쪽이 먹먹해지며 눈가가 뜨거워졌다. 감동이었다. 내 삶이 보상받는 기분이었다. 내가 딸에게 해 주지 못했던 것들, 내가 받지 못했던 사랑의 기억들이 이렇게 고스란히 이어져 다른 생명에게 전해지고 있었다. 시간은 그렇게 흘러 사랑이 한 겹 한 겹 쌓여갔다. 할머니의 손길이 엄마의 마음이 되고, 엄마의 마음이 딸의 사랑이 되어, 이제는 손녀의 첫 옷이 되었다. 나는 한 번도 받아본 적 없는 다정함과 보듬음을 내 손끝으로, 내 마음으로 전하고 있었다. 받지 못했어도, 간절히 바라면, 소중히 여긴다면, 나는 충분히 사랑을 줄 수 있는 사람이었다. 딸이 유학을 떠났을 때 나는 택배에 손 글씨 메모를 붙여 보냈다.

"써보니까 참 좋더라. 우리 딸한테도 발라보라고 주고 싶었어. 이거 바르면 더 예뻐질 거야."

"딸 생각나서 지나가다 샀어. 밤에 쌀쌀할 때 이거 입고 따뜻하게 지내."

"예전에 한국 있을 때 딸이 이거 참 좋아했잖아. 친구들과 나눠 먹으라고 사봤어."

그 쪽지 하나하나는 멀리서도 아이를 품고 싶은 내 마음의 포옹이었다. 딸은 그때의 편지와 메모를 아직도 소중히 간직하고 있다.

　중학생이 되던 첫해부터 딸은 매년 자신의 '다이어리'를 써 내려갔다. 십 대의 풋풋한 마음부터 스물아홉의 고민까지, 그 모든 해의 계절을 딸은 글로 품었다. 아버지가 내게 건넸던 그 짧은 메모 한 장이 보이지 않는 방식으로 사랑의 씨앗이 되어 딸에게까지 이어졌다.
　말수가 적었던 아버지는 몸짓 대신 작은 글씨로 마음을 전했다. 나는 그 따스함을 모른 채 지나쳤지만, 그 사랑은 내 안에 고요히 습관처럼 자리 잡아 이제는 딸에게까지 닿아 있었다. 아버지의 메모는 편지가 되었고, 그 편지는 기억이 되었으며, 기억은 이렇게 또 하나의 사랑을 낳았다. 보이지 않지만, 분명히 존재하는 사랑. 그것은 세월을 건너 마음에서 마음으로 전해진 단단한 유산이었다.

　나는 지금도 손 편지를 쓴다. 딸에게 택배를 보낼 때도, 여행에서 만난 동생들에게도, 직장에서 만난 후배에게도, 가끔은 나에게도 쓴다. 생일 때 내가 나에게 선물한 만년필을 꺼내어 한 자한 자 또박또박 눌러쓴 그 마음은 전화나 메시지로는 다 전하지 못할 그리움을 담기에 참 좋다. 가끔은 누군가의 목소리보다 그 사람의 글씨가 더 가슴을 뭉클하게 만든다. 손 글씨에는 그 사람의 숨결이, 그 사람의 시간이 담겨 있다. 그 떨리는 펜 끝에서 느껴지는 진심은 어떤 디지털 화면도 따라올 수 없다.

요즘 사람들은 모든 이야기를 휴대전화 안에서 한다. 사랑도, 이별도, 안부도, 미안하다는 말도. 언젠가부터 사진도 앨범 속에 담기지 않고 화면 속에 갇혀버렸다. 우리 때는 달랐다. 지하철 안에는 신문을 읽는 사람, 책을 펼친 사람들이 많았다. 그 차분한 집중의 시간은 어쩌면 자신을 다시 돌아보는 시간이기도 했을 것이다. 종이에 꾹꾹 눌러쓰는 손 글씨는 단순히 글자를 옮기는 행위가 아니라 마음속 생각을 차분히 써 내려가는 연습이다. 한 자 한 자 손끝에서 흘러나오는 글씨는 머릿속 어딘가에 남아 생각의 결을 만들고, 기억의 뿌리를 내린다.

손 글씨는 단순한 기록이 아니라 마음과 기억이 만나는 가장 다정한 방식이다.

딸은 친구들에게 자랑하듯 말했다.

"우리 엄마는 꽃과 편지를 제일 좋아해."

이 말 한마디에 나는 내가 살아온 시간이 누군가의 기억 속에서 향기와 문장으로 남았다는 것을 느낀다. 그것만으로도 나는 충분했다. 내가 받은 적 없는 사랑을, 내가 바랐던 따뜻함을, 내가 직접 만들어 누군가에게 전할 수 있다는 사실이 나를 더 단단하게 했다.

그 편지들은 단순한 종이가 아니었다. 그것은 내가 나를 지키며 살아온 증거였다. 나는 내가 바랐던 사랑을, 내가 되고 싶었던 엄마를, 내가 느끼고 싶었던 가족의 온기를 딸에게, 그리고 손녀에게 전해주고 있었다. 그것이 나의 성장이고, 내가 나를 지키는 방식이었다.

포르투의 좁은 골목길. 짭짤한 바닷바람이 뺨을 어루만지며 지나가던 그곳에서 나는 그녀와 마주했다. '행운의 여신'이라 불리는 조각상이었다. 소박하지만 깊은 상징을 품은 그녀는 항아리를 안고 있었다. 앞에는 사람들이 줄지어 소원을 빌었다. 나는 그 흐름에 끌려 그녀 앞에 섰다. 그녀의 얼굴은 따뜻하면서도 단호했다.

이상한 일이었다. 뒷모습을 보려 했지만, 아무것도 조각되지 않은 허공만이 있었다. 마치 처음부터 만들어지지 않은 듯, 행운의 여신은 앞모습만을 내게 보여주었다.

"행운은 문이 아니라 창문이다. 열릴 때 붙잡지 않으면 바람처럼 지나간다."

윌리엄 셰익스피어의 명언이 눈에 들어온 순간, 마음 깊은 곳에서 무언가가 울렸다. 행운은 마주할 때만 존재한다. 뒤돌아보면 이미 사라지고, 남은 것은 허공과 그것을 붙잡으려 애쓰는 마음뿐이다.

하지만 그 빈자리는 나를 무너뜨리지 않았다. 오히려 내 삶의 뼈대를 단단하게 세워주었다. 행운이 들어올 때는 누구나 그 빛을 알아본다. 하지만 그 행운이 언제, 어떤 틈으로 나가는지는 아무도 알 수 없다. 떠나는 행운은 붙잡으려 해도 손에 잡히지 않는다.

만약 다시 붙잡을 수 있다면, 정말 그 순간만은 놓치고 싶지 않을 것이다. 왜 행운의 여신상이 앞모습만 있고 뒷모습은 없는지 이제야 알 것 같다. 그녀가 떠나는 순간은 어느 사람도 붙잡을 수 없기 때문이다.

그래서 마음속으로 다짐하게 된다.

"행운아, 다음에 네가 내게 찾아올 때는 그 순간의 기쁨에만 취하지 않을게. 내 안에 오래도록 머물 수 있도록 조심히, 정성껏 너를 돌볼 줄 아는 사람이 될게."

잃음은 불행이 아니라 나를 더 깊게 만드는 재료였다. 포르투의 골목에서 나는 깨달았다. 행운은 스쳐 지나가는 바람이지만, 그 바람을 내 안에 머물게 하는 것은 내 손에 달렸다.

사람들은 말한다. "행운은 준비된 자에게 온다." 하지만 나는 다르게 생각한다.

행운은 누구에게나 찾아온다. 다만, 그 행운을 내 것으로 만드는 것은 삶의 태도다. 자기 삶의 무게를 기꺼이 안고, 기쁨과 고난 앞에서도 흔들리지 않는 사람. 마음의 중심을 단단히 지키는 사람. 그들은 행운을 지나가는 손님이 아니라 삶의 동반자로 만든다.

포르투의 여신은 말없이 내게 속삭였다.

"기뻐하는 것은 누구나 할 수 있어. 하지만 그 기쁨을 지키는 것은 네 태도에 달려 있단다."

나는 고개를 끄덕였다. 그리고 다짐했다. 우연히 온 행운을 내 안에 오래 머물게 하겠다고. 그 기쁨이 흘러가지 않도록, 내 마음의 질서를 단단히 지키겠다고.

삶은 때로 솔직하게 내 앞에 나타났다. 나는 부모의 품에서 자라지 못했고, 책임이라는 이름 아래 무거운 날들을 걸어왔다. 불평하고, 원망하며, 삶이 버겁다고 투덜대던 때도 있었다. 하지만 포르투의 그 여신상을 만난 뒤 나는 달라졌다.

잃고 나서야 깨닫는 것들이 있다. 없다는 것이 불행이 아니라 불편일 뿐이라는 것. 그 불편마저 내 삶을 단단히 빚는 재료라는 것. 지금의 나는 자유롭게 세계를 누비고, 스스로를 돌보며 살아간다.

포르투의 그 골목길에서 만난 소박한 여신은 여전히 내 안에 있다. 내 삶의 어딘가에서 조용히 나를 지켜보며 미소 짓고 있을 것이다. 나는 안다. 나를 지키는 일이 세상에서 가장 깊은 사랑이라는 것을. 내게 남은 과제는 단 하나, 오늘도 나를 잃지 않는 것이다. 그것 하나만으로 삶은 기적처럼 내 곁에 머물러줄 것이다.

언젠가 행운이 다시 내 앞에 선다면 나는 서두르거나 두려워하지 않을 것이다. 지켜내는 삶을 배운 나는 이제 준비된 사람이다. 하지만 나는 행운을 기다리지 않기로 했다. 대신, 오늘을 더 정성껏 살아내기로 했다.

"진짜 행운은 갑자기 오는 것이 아니야. 매일 진심으로 살아낸 이에게만 차분히 다가와 손을 내밀어주는 거야."

포르투의 그 여신이 남긴 속삭임은 내 가슴속에서 따뜻한 메아리로 울린다. 오늘도 나는 그 메아리를 따라 한 걸음, 또 한 걸음 내디딘다. 내 삶의 순간들 속에서, 행운은 이미 나와 함께 춤추고 있다.

　살다 보면 또다시 힘든 날이 찾아오겠지. 그럴 때마다 잊지 말자. 나는 이미 한 번 무너진 자리에서 혼자 살아낸 사람이라는 것을. 그때도 해냈고, 지금도 잘하고 있으며, 앞으로도 분명히 다시 일어설 수 있다는 것을.

　"어느 날, 어느 순간, 내 삶은 마법처럼 환해졌다. 불행을 건너와 행복이라는 선물에 닿은 것이다."

　나는 마법을 부리는 사람이 된 것만 같았다. 어느 날 문득 불행은 조용히 뒤로 물러나고, 행복은 자연스럽게 내 곁에 자리 잡고 있었다. 그것은 누가 만들어준 마법이 아니라 나 스스로 걸어온 길이 안겨준 조용하고 단단한 기적이었다.

　고된 시간을 지나온 내가 이렇게 평온히 웃고 있다는 사실. 이것은 마법이 아니라면 설명할 수 없을지도 모른다. 나는 지금, 행복이라는 이름으로 살아가고 있다. 그렇게 나는 마법처럼 나를 지키며 살아간다.

　당신에게도 속삭이고 싶다. 당신이 지금 무너진 자리에서, 혹은 상처를 안고 서 있는 곳에서, 스스로를 지키는 힘을 이미 가지고 있다는 것을 잊지 말기를. 당신도 이미 한 번, 아니 여러 번, 다시 일어선 사람이다. 그 힘은 당신 안에 있다.

손 편지 한 장, 따뜻한 메모 한 줄, 혹은 당신 자신에게 건네는 다정한 말 한마디. 그 모든 것이 당신을 지키는 마법이다.

그러니 오늘 당신 자신에게 편지를 써보길 바란다. 말에도 힘이 있고 에너지가 있지만, 글에도 엄청난 힘과 에너지가 있다.

"너는 충분히 잘하고 있어. 그리고 앞으로도 잘할 거야."

그 편지는 당신을 더 단단히 안아줄 것이다. 그리고 언젠가 당신은 그 편지를 다시 읽으며 미소 짓게 될 것이다. 당신이 당신을 지키며 살아온 모든, 순간들이 마법처럼 빛나고 있음을 알게 될 것이다.

우리는 그렇게 받지 못한 사랑을 스스로 만들어가며 또 다른 사랑을 이어가는 존재가 된다. 그것이 어쩌면 살아간다는 것일지도 모른다. 상처 위에 새살이 돋듯, 사라진 기억 위에 새로운 추억을 얹듯, 사랑받지 못한 기억을 사랑하는 마음으로 덮어가는 일. 그 모든 시간이 나를 지켜온 든든한 뿌리가 되었다.

지금의 나는 건강한 에너지를 가진 사람이다. 상처를 품은 채로 살아냈고, 절망 속에서도 포기하지 않았으며, 그런 마음의 근육들이 지금의 나를 지탱하고 있다. 나는 그 힘을 믿는다. 그 힘은 내가 무너졌던 순간들, 다시 일어섰던 시간들, 그리고 나를 지키며 살아온 모든 날이 쌓여 만들어낸 소중한 유산이다.

혼자 일어선 자리에서 만든 이 모든 것이 나의 유산이 되고, 딸의 기억이 되고, 손녀의 시작이 되었다. 그것이 사랑의 힘이고, 삶의 선물이며, 우리가 만들어가는 일상의 기적이다.

삶이란, 결국 사랑을 주고받는 연습이다. 받지 못한 사랑일지라도 우리는 그것을 스스로 만들어낼 수 있다. 그리고 그 사랑은 세월을 건너 또 다른 생명에게 전해져, 영원히 이어지는 기적의 유산이 된다.

에필로그
다시 피어나는 마음

책의 마지막 페이지를 덮으니 긴 여행을 마친 듯한 기분이다. 내 마음 깊숙한 곳, 오랫동안 닫혀 있던 문들을 하나씩 열어가는 용기의 여정이었다. 글을 쓴다는 것은 때로 가슴 깊은 곳을 파헤치는 일이다. 어둠 속에 잠들어 있던 기억들을 깨워내야 하고, 웅크리고 있던 어린 나를 다시 마주해야 하기 때문이다. 그 과정에서 나는 많이 울었다. 키보드 위로 떨어지는 눈물 때문에 글씨가 번지기도 했고, 어떤 날은 단 한 줄도 쓰지 못했다. 기억이라는 칼날이 너무 날카로워 그 앞에서 무력하게 주저앉을 수밖에 없었다.

하지만 그 아픔이 없었다면 지금의 내가 존재할 수 있었을까?

상처는 나를 깨뜨렸지만 동시에 더 깊이 사랑할 수 있는 마음을 만들어주었다. 글 한 줄 한 줄이 내 마음의 응어리를 조금씩 풀어주었다.

"상처를 외면하지 마세요. 그 안에는 당신만이 가질 수 있는 지혜가 숨어 있어요."

오프라 윈프리의 말처럼 정말로 내 안에는 나만이 가질 수 있는 지혜가 숨어 있었다.

어린 시절부터 내 마음 한구석에는 아무도 들여보내지 않는 작은 방이 있었다. 상처받은 기억들과 외로움, 그리고 누구도 이해해 주지 않을 것 같은 진짜 내 모습이 숨어 있는 곳이었다.

글을 쓰면서 천천히 그 방의 문을 열 수 있게 되었다. 처음에는 작은 빛줄기였다가 이제는 환한 거실이 되었다. 그곳에서 나는 어린 나와 화해했다. 상처받아 떨고 있던 그 아이에게 '괜찮아, 이제 안전해. 너의 모든 감정이 소중해.'라고 말했다. 그 아이는 한참을 울다가 조심스럽게 내 품에 안겼다. 나는 더 이상 누군가의 사랑을 애타게 기다리지 않는다. 가장 깊은 위로는 결국 내 안에서 나온다는 걸 안다. 예전의 나는 타인의 시선에 온 신경이 곤두서 있었다. 누군가가 나를 좋아하지 않을까 봐, 혼자 남겨질까 봐 전전긍긍했다. 하지만 이제는 떠나가는 사람을 붙잡지도,

자책하지도 않는다.

　지금 나는 내 인생의 정중앙에 서 있다. 과거의 아픔을 부정하지도 않고 미래에 대한 불안에 휩싸이지도 않는다. 그저 이 순간 내가 살아 숨 쉬고 있다는 사실만으로도 충분히 빛이 난다.

　이제 나의 상처에 마침표를 찍고 '안다는 것'의 무게를 받아들인다. 지나온 모든 순간이 결국 나를 여기까지 데려다주었다는 것을. 부서지듯 버틴 날도, 웃으며 삼킨 눈물도, 모두 살아낸 시간이었음을. 그리고 이제 나도 나에게 말해줄 수 있게 되었다.

　'정말 잘해왔어. 충분히 견뎠고, 참 다정하게 살아냈어.'

　이 모든 변화를 마법 같다고 말했지만, 사실 그것은 마법이 아니었다. 내가 나와 화해하기 위해 치른 용기의 대가였고, 상처와 마주하며 흘린 눈물의 결실이었다.

　꽃은 씨앗이 터지는 아픔을 견뎌내고서야 피어난다. 오랫동안 땅속 깊이 묻혀 있던 씨앗이 드디어 싹을 틔우고 줄기를 뻗어 꽃봉오리를 맺었다. 그리고 이제 조심스럽게 꽃잎을 펼치고 있다. 이렇게 나는 상처 위에 새로운 문장을 써 내려간다.

　이 책을 읽는 누군가도 나와 같은 어둠 속에서 길을 잃고 있다면 말하고 싶다.

　당신의 마음 깊은 곳에도 분명 작은 씨앗 하나가 숨어 있을 것이다. 그 씨앗은 지금 당장 꽃을 피우지 않을 수도 있다. 하지만 언젠가는 당신만의 아름다운 꽃을 피워낼 것이다. 그때까지 포기하지 말기를. 혹시 지금 너무 아프다면 그 아픔을 억지로 참지 않아도 괜찮다. 울고 싶을 때는 실컷 울면 된다.

강함은 감정을 억누르는 데 있지 않다. 자신의 모든 감정을 인정하고 받아들이는 것이 진짜 용기다. 무엇보다 자신에게 다정해야 한다.

지금까지도 충분히 잘해왔고 앞으로도 잘 해낼 수 있다.

나는 지금 정말로 행복하다. 그리고 이 행복이 당신에게도 전해지기를 간절히 바란다.

2025년 여름, 다시 피어나는 마음으로